보르헤스와 열한 개의 우물

보르헤스와 열한 개의 우물

신우승

도서출판 b

'우리는 보르헤스와 더불어 웃을 수 있을까?'

호르헤 루이스 보르헤스(Jorge Luis Borges, 1899~1986)

| 일러두기 |

1. 이 책은 호르헤 루이스 보르헤스의 단편 소설 11편에 대한 해설을 묶은 것이다. 11편의 원고는 전기가오리에서 후원자를 대상으로 배부한 〈보르헤스라는 우물〉이라는 동명의 시리즈로 출판된 바 있으며, 이 책으로 재출판하면서 내용을 일부 수정하였다.
2. 소설의 제목은 대체로 기존의 번역본을 따랐으나 오해의 소지가 있는 경우에는 수정하였다.
3. 'memoria/memory'같은 표기는 동일한 의미를 가진 '스페인어 단어/영어 단어'를 묶은 것이다.

| 차 례 |

| 들어가며 | ··· 9

첫 번째 우물 말이 통하는 것은 힘들다
　「존 윌킨스의 분석적 언어」 ································ 13

두 번째 우물 새로 읽어 새로 쓰기, 그런 다음 또 새로 읽어 새로 쓰기
　「피에르 메나르, 『돈키호테』의 저자」 ······················· 29

세 번째 우물 책을 읽듯 세계를 읽으려고 했으나
　「바벨의 도서관」 ·· 47

네 번째 우물 번역을 통해 새로운 세계로
　「아베로에스의 모색」 ······································· 65

다섯 번째 우물 가능성이 우글대는 미로 속에서
　「두 갈래로 갈라지는 오솔길들이 있는 정원」 ············· 83

여섯 번째 우물 불확실성을 떠안기
　「바빌로니아의 복권」 ····································· 101

일곱 번째 우물 기억한다는 것, 생각한다는 것
　「기억의 천재 푸네스」 ···································· 119

여덟 번째 우물 우리는 무엇을 믿는가?
　「엠마 순스」 ·· 137

아홉 번째 우물 타자 안에 있는 나, 내 안에 있는 타자
　「알모타심에게 다가가기」 ································ 155

열 번째 우물 물질적인 것과 비물질적인 것, 그리고 희망
　「틀뢴, 우크바르, 오르비스 테르티우스」 ················ 171

열한 번째 우물 불에 타지 않는 꿈
　「원형의 폐허들」 ·· 195

| 나가며 | ·· 211

| 들어가며 |

　내가 책에서 읽은, 잊지 못하는 농담이 하나 있다. 단테의 『신곡』을 연구한 한 일본인 연구자가 독일에 있는 뮌헨 대학에서 특강을 시작한다. "아직 정교수로 재직하시나요?"라는 사회자의 질문에 그는 "한때는 현직 교수였으나 지금은 아닙니다 non ordinario, ordinario già fui"라고 답한다. 이 답을 들은, 강의실의 모든 사람이 큰 웃음을 터뜨린다. 이 답변은 단테의 『신곡』 서두에 담긴 베르길리우스의 대답을 재료로 삼은 농담이다. "그대는 사람인가, 아니면 유령인가"라는 단테의 물음에 베르길리우스는 "사람은 아니나, 사람인 적 있으며non uomo, uomo già fui"라고 답한다. 『신곡』을 읽은 사람만이, 그리고 이탈리아어를 할 줄 아는 사람만이 — 심지어 이 농담은 독일인 청중에게 건네졌다 — 웃을 수 있는 농담이다.

　농담이 성공적으로 이루어지기란 어렵다. 특히 상당 수준의 사전 지식을 요구하는 농담은 타인을 배제하는 방식으로 작동하고, 위의 농담이 그 대표적인 사례이다. 보르헤스는 자신의 작품이 무엇보다도 재미있기를 바란다는 견해를 여러 번 내비친다. 보르헤스의 작품에서 재미를 찾으려면 일단 그의 작품을 이해할 수 있어야 한다. 보르헤스의 난해한 작품을 독자가 이해하는 데 기여하여, 같은 농담에 함께 웃을 수 있는 사회적 배경을 만드는 것이 내가 이 책을 쓴 이유이다.

보르헤스의 작품을 해설하면서 내가 원칙으로 삼은 것이 세 가지 있다. 하나는 가능한 한 많은 사람이 이해할 수 있는 글을 쓰겠다는 원칙이다. 해설자가 보르헤스를 아무리 잘 이해하더라도 그 이해를 독자에게 전달하지 못하면 나는 그 이해에 어떤 쓸모가 있는지 모르겠다. 다른 하나는 작품 안에 갇히지 않겠다는 원칙이다. 어떤 작품을 그 작품 내적으로 읽어내는 데에도 가치가 있겠으나 그보다 나는 그 작품을 통해 세계를 새로이 읽는 데 더 큰 가치가 있다고 믿는다. 마지막 하나는 정합성과 체계성에 초점을 맞추겠다는 원칙이다. 난해한 작품에 대한 많은 글들이 특정한 논제를 작품에서 추출하여 과감하게 제시하는 것을 꺼리는 편인 듯하다. 나는 각 작품에서 논제를 하나 뽑아 작품 내 다른 요소가 그 논제 아래 수렴되도록 했다.

이에 따라 각 장은 몇 개의 부분으로 나누어진다. 보르헤스의 작품을 읽지 않은 사람도 해설을 읽는 데 어려움이 없도록 '작품 요약'에 줄거리를 간략히 서술해 두었다. 본격적인 해설 내지 '독법'은 둘로 나뉜다. 전반부와 후반부 사이에 결정적인 차이는 없으며, 흐름상 적절한 곳에서 분량을 나누었다. 그다음에는 '확장' 항목이 있다. 보르헤스 작품을 내가 제시한 논제로 읽었을 때 우리가 세계를 어떻게 다시 읽을 수 있는지를 보이는 예제에 해당한다. 각 장의 맨 끝에는 '심화 질문'이 있다. 거기까지 읽었을 때 떠오를 만한 질문을 하나 제시하여 독자의 생각의 흐름이 계속 이어지기를 의도했다.

위에서 말했듯 나는 무엇보다도 이 책이 재미있게 읽히기를 바란다. 엄숙주의는 내가 딱 싫어하는 것이다.

첫 번째 우물

말이 통하는 것은 힘들다

―「존 윌킨스의 분석적 언어」
El idioma analítico de John Wilkins

호르헤 루이스 보르헤스, 「존 윌킨스의 분석적 언어」,
『만리장성과 책들』, 정경원 옮김(열린책들, 2008), 185~192쪽.

" 작품 요약 "

1614년생의 존 윌킨스는 세계 공용어에 관심이 많은 사람이었다. 그는 자신이 고안한 새 언어를 통해 세계를 종種, 차差, 유類로 분류했으며, 알파벳 단음절 하나하나가 이 구분을 반영한다. 예컨대 'de'가 '원소'라고 할 때, 'deb'는 '불'을, 'deba'는 '불꽃'을 의미한다. 'a'는 '동물'을, 'ab'는 '포유류'를, 'abo'는 '육식 동물'을, 'aboj'는 '고양이과'를, 'aboje'는 '고양이'를 의미한다. 그러나 이러한 분류 체계가 성공적이라고 보기는 어렵다. 다소 임의적이거나 황당한 지점이 있다.

첫 번째 우물 말이 통하는 것은 힘들다 · 15

" 독법 1 "

보르헤스의 단편 소설 「존 윌킨스의 분석적 언어[1]」는 존 윌킨스라는 사람이 17세기에 실행으로 옮겼던 아이디어를 소개한다. 존 윌킨스는 세계 공용어에 관심이 많다.[2] 세계

---

1 존 윌킨스가 개발한 세계 공용어는 왜 '분석적 언어'인가? 철학에서 말하는 분석 명제와 종합 명제의 구별이 도움이 될 것 같다. 분석 명제는 주어의 의미에서 술어가 도출되는 명제이다. '총각은 결혼하지 않은 남자이다'가 분석 명제의 사례이고, 주어 '총각'에서 '결혼하지 않은 남자'라는 술어가 도출된다. '총각은 결혼하지 않은 남자이다'를 이해하거나 그 참/거짓 여부를 판정하기 위해 세계를 관찰할 필요는 없다. 이와 달리 종합 명제는 주어의 의미에서 술어가 도출되지 않는, 세계에 대한 관찰이 요구되는 명제이다. '지구는 태양 주위를 돈다'가 종합 명제의 사례이고, 주어 '지구'에서 '태양 주위를 돈다'가 도출되지는 않는다. '지구는 태양 주위를 돈다'를 이해하거나 그 참/거짓 여부를 판정하려면 세계를 관찰할 필요가 있다.
   보르헤스가 바라보는 세계는 단 하나의 방식으로 정돈되는 곳이 아니고, 그러니 단 하나의 언어로 서술될 수 없다. 따라서 단 하나의 언어로 세계를 서술하려면 역설적이게도 세계와 거리를 두어야 하며, 그때 활용되는 언어는 분석적인 것일 수밖에 없다.
2 이와 비슷한 시도를 한 사람으로 데카르트가 등장한다. 데카르트를 언급하는 187쪽 각주에 오역이 세 가지 있다. 첫째, "번호를 부여하는 체계는 무한히 뻗어 나갈 수 있다"는 '번호를 부여하는 체계의 개수에는 제한이 없다'로 수정되어야 한다. 어떤 체계의 끝이 없다는 말이 아니라 체계가 여러 개일 수 있다는 말이다. 그렇기에 각주에 두 가지 체계가 예시로 등장한 것이다. 둘째, '완전수'가 아니라 '정수'이다. 원문인 'número entero'는 영어 'whole number', 곧 '정수'이다. 셋째, '상징수'라는 표현이 등장하는데, 'número infinito de símbolos'는 '상징수'가 아니라 상징의 개수가 'número infinito', 즉 무한하다는 말이다. 정리하자면 이렇다. 신성한 자들과 천사들이 사용하는 체계는 정수 하나에 상징 하나를 부여하는 방식을 따르며, 이때 정수와 상징의 개수에는 제한이 없다. 1은 모든 수의 본질이고, 2는 여성, 3은 남성, 4는 정의, 5는 결혼 등을 의미하는 피타고라스의 체계가 그러한 체계 가운데 하나이다.

공용어가 확립된다는 것은 우리 모두가 같은 언어를 사용한다는 것일 텐데, 이때 '같은 언어를 사용한다'에는 세 가지 의미가 있다.

첫째, 한국어, 영어, 일본어, 우르두어 같은 개별 언어가 아니라 하나의 언어만 공유되고 사용된다는 점을 의미한다. 전 세계인이 영어를 쓰는 상황을 떠올릴 수도, 에스페란토 같은 인공 언어를 개발하여 함께 쓰는 상황을 떠올릴 수도 있겠다. 모두가 같은 언어를 사용한다면 언어 장벽 없이 담화를 주고받을 수 있을 듯하다. 이렇게 복수의 자연 언어를 하나의 언어로 통일하는 것을 '같은 언어를 사용한다'의 첫 번째 의미로 이해할 수 있다. 하지만 이 시도 자체는 철학적으로 그리 흥미로운 질문을 제기하지 않는다.

둘째, 같은 단어를 다른 대상에 적용하지 않는다는 점을 의미한다. 다시 말해, 어떤 언어 표현의 의미를 모든 언어 사용자가 똑같이 공유한다는 점을 의미한다. 현실은 이렇지 않다. 예컨대 '정당방위' 같은 단어의 의미는 우리 모두가 공유하면서도 공유하지 않는다. '정당방위'가 '자기 또는 남에게 가해지는 급박하고 부당한 침해를 막기 위하여 침해자에게 어쩔 수 없이 취하는 가해 행위'라는 점에는 모든 이가 동의하면서도, 도둑이 들었을 때 프라이팬으로 그 도둑의 뒤통수를 강하게 때리는 것이 정당방위인지를 두고서는 이견이 있을 수 있다. 이러한 불일치 없이, 같은 단어를 같은 행위나 대상에 적용하는 것을 '같은 언어를 사용한다'의 두 번째 의미로 이해할 수 있다.

셋째, 사용이 정당화되는 단어와 사용이 정당화되지 않는 단어의 목록이 같다는 점을 의미한다. 다시 말해, 써도 되는 단어와 써서는 안 되는 단어의 목록을 공유한다는 점을 의미한다. 언어가 복수의 언어 사용자 간 의사소통을 위한 수단임을 감안한다면, 단어를 포함한 언어 표현은 개별 언어 사용자가 자기 마음대로 공적 언어 속으로 도입할 수 있는 것이 아니다. 내 신발을 고유하게 가리킬 때 '얍루루'라는 언어 표현을 쓴다고 해서 '얍루루'가 언어 공동체의 유의미한 언어 표현이 되는 것은 아니다. '얍루루'의 사용이 정당화되지 않는다는 점에는 모든 언어 사용자가 동의할 것이다. 이러한 사용 정당성의 일치가 이루어지는 상황을 '같은 언어를 사용한다'의 세 번째 의미로 이해할 수 있다.

공용어의 가능한 의미를 몇 가지 알아보았으니 이제 공용어의 사용에 대해 말해보자. 언어를 사용하는 것은 단순히 알아들을 수 있는 소리를 내거나 읽을 수 있는 기호를 쓰는 데 그치지 않는다. 언어를 사용하는 것은 세계를 분류하는 것이며, 어떤 언어 표현을 쓰는지는 세계를 어떻게 분류하는지에 직접적인 영향을 미친다. 일례로 '학생'이라는 개념을 가져와 '나는 학생이다'라고 말하는 것은 발화자 자신에 대한 서술에 그치지 않는다. 그것은 사람을 학생인 사람과 학생이 아닌 사람으로 나눈 뒤, 나를 전자에 넣는 것이다. '학생'이라는 범주를 통해 우리는 세계를 학생과 비非학생으로 분류한다. '전쟁은 정당화될 수 없다'라는 문장도 보자. 이 역시 사건 및 행위를 정당화 가능한 것과 정당화 불가능한 것으로 분류한 뒤, 전쟁을 후자에 넣는 것이다. 우리는 단어/개념/범주 등의 언어 표현을 통해 세계를 이해하는데, 그 이해는 해당 언어 표현을 통해 세계를 분류하는 것과 매한가지이다.

세계를 분류하는 방식 중 하나로 「존 윌킨스의 분석적 언어」

는 동물 분류를 언급한다. 소설에 따르면, 중국의 한 오래된 백과사전인 『천상에 있는 친절한[3] 지식의 중심지』는 동물을 아래와 같이 분류한다.(190쪽)

(a) 황제에게 예속된 동물들
(b) 박제된 동물들
(c) 훈련된 동물들
(d) 돼지들
(e) 인어들
(f) 전설의 동물들
(g) 떠돌이 개들
(h) 이 분류 항목에 포함된 동물들
(i) 미친 듯이 날뛰는 동물들
(j) 헤아릴 수 없는 동물들
(k) 낙타털로 만든 섬세한 붓으로 그려진 동물들
(l) 그 밖의 동물들
(m) 방금 항아리를 깨뜨린 동물들
(n) 멀리서 보면 파리로 보이는 동물들

---

3 여기서 '친절한'으로 번역된 스페인어 단어는 'benévolo'이고, 'benévolo'에 해당하는 영어 단어는 'benevolent'이다. 천상에 있는 지식이 'benévolo'하다는 것은 그 지식이 친절하다기보다는 자애롭고 자비롭다는 점을 의미한다. 천상의 지식은 지상의 지식보다 상위에 있기에 어느 정도 위계 관계가 담겨 있는 '자애로운'을 번역어로 제안한다. 그리고 'benévolo'에는 '엄하지 않은', '엄격하지 않은'이라는 의미도 있다. 세계에 대한 지식이 막상 천상에서는 그리 엄밀하게 규정되지 않는다는 점은 세계를 분류하는 방식이 하나가 아님을, 또 아무런 유연함 없이 고정되지는 않음을 함의한다.

이 분류는 제대로 된 것인가? 별다른 누락이나 중복 없이 모든 동물을 말끔하게 분류했다고 가정하자. 즉, 위의 범주를 통해 동물을 분류했을 때 빠지는 동물이 없고, 두 개 이상의 범주에 동시에 속하는 동물이 없다고 가정하자. 이 가정 아래에서 보자면 위의 분류 방식은 어느 정도 성공적이다. 그러나 현대 생물학의 동물 분류는 꽤 다르다. 간단히 말하자면 이렇다.

(a) 척추동물
(b) 무척추동물

중국 백과사전의 집필자는 '헤아릴 수 없는 동물들' 같은 표현이 동물 분류에 알맞은 언어 표현이라고 생각하고, 현대 생물학자는 그렇지 않다고 생각한다. 현대 생물학자는 '척추'가 동물 분류에 알맞은 언어 표현이라고 생각하고, 중국 백과사전의 집필자는 그렇지 않다고 생각한다. 다시 말해, 중국 백과사전의 동물 분류에 사용되는 범주와 현대 생물학의 동물 분류에서 사용되는 범주는 다르다. 사용하는 범주가 다르면 세계를 분류하는, 세계를 이해하는 방식 자체가 달라진다.

두 분류 중 무엇이 세계를 이해하는 적합한 방식인가? 애초에 두 분류 체계 중 무엇이 더 나은지를 평가할 객관적 기준이라는 것이 있는가? 만일 그러한 객관적 기준이 있다고 생각한다면 그것은 곧 세계 공용어의 성립 가능성에 대한 긍정이겠다. 존 윌킨스가 이 입장에 속한다. 하지만 객관적 기준이 정말로 있는가? 동물을 분류하는 방식이 단 하나뿐이라는 것이 오히려 이상하지 않은가? 현대 생물학의 분류 방식이 가상의 중국 백과사전에 등장한 분류 방식보다 정말로 더 나은가? 보르헤스는 이를 의심한다.

> 하긴, 세상을 분류하는 행위 치고 임의 전횡이 아닌 게 없다는 건 세상이 다 아는 사실이다. 그 이유는 아주 간단하다. 바로 우리가 세상이 무엇인지 알지 못하기 때문이다.(190~191쪽)

세계를 분류하는 행위는 늘 "임의 전횡"이다. 그 이유는 우리가 세계를 알지 못하기 때문이다. 여기서 세계를 알지 못한다는 것은 세계에 대한 관찰이 불가능하다는 말이 아니라 세계에 대한 분류가 그 어떤 것이든 객관적일 수 없다는 말이다. 세계 공용어가 없으니 모든 분류는 각자의 주관적 분류에 그칠 수밖에 없다. 자신의 분류가 객관적이라고 믿고 싶겠지만 우리가 행하는 분류는 객관성을 결여한다. 세계 공용어를 개발하여 세계를 분류할 때 사용하는 범주를 통일하고, 그렇게 통일된 범주를 통해 세계를 객관적인 방식으로 분류하겠다는 존 윌킨스의 시도는—적어도 보르헤스가 보기에는—실패할 수밖에 없는 "희망과 유토피아"(192쪽)이다. 공용어는 없다.

" 독법 2 "

어떤 언어를, 어떤 단어/개념/범주를 쓰는지는 세계를 분류하여 이해하는 방식에 직접적인 영향을 미친다. 따라서 세계를 분류할 때 우리 자신이 어떤 범주를 활용하고 있는지 고찰할 필요가 있다. 앞서 '같은 언어를 사용한다'의 의미로 안내했던 것 중 두 번째와 세 번째 것을 끌어오겠다. 우선, '같은 언어를 사용한다'는 '같은 단어를 같은 행위 내지 대상에 적용한다'를 의미한다.

A: 프라이팬으로 도둑의 뒤통수를 강하게 때리는 것은 정당방위이다.
B: 프라이팬으로 도둑의 뒤통수를 강하게 때리는 것은 정당방위가 아니다.

프라이팬으로 도둑의 뒤통수를 강하게 때리는 것이 정당방위인지를 두고 두 사람이 언쟁 중이다. 이 언쟁은 '정당방위'가 어떤 의미에서 공용어가 아니기 때문에 발생한다. '정당방위'의 의미를 다르게 생각하면 세계를 다른 방식으로 분류하게 된다. '정당방위'의 적용 기준이 달라지기 때문이다. 프라이팬으로 도둑의 뒤통수를 때리는 행위를 '◉'로, 정당방위를 '△'로, 과잉 방위를 '▽'로 표시할 때, 두 사람은 각기 사건을 다음과 같이 분류하는 셈이다.

A의 분류: △◉ / ▽
B의 분류: △ / ◉▽

공용어가 없는 바람에 언어 표현의 의미를 다르게 쓴다면, 우리는 세계를 다르게 분류하게 된다. 다른 분류는 의사소통의 가능성을 원천적으로 차단한다("어떻게 그게 정당방위냐?"). 존 윌킨스가 세계 공용어를 통해 해결하고자 했던—그러나 보르헤스는 아마 해결이 안 되리라고 본—문제가 이것이다.

다음으로, '같은 언어를 사용한다'는 '사용이 정당화되는 단어와 사용이 정당화되지 않는 단어의 목록이 같다'를 의미한다.

C: 식당에서 무리한 요구를 하는 어머니는 맘충이다.

C의 발화는 적절한가? 적절하지 않다고 보는 D가 할 법한 발화는 다음 중 무엇인가?

D1: 식당에서 무리한 요구를 하는 어머니는 맘충이 아니다.
D2: '맘충' 같은 단어를 써서는 안 된다. 그것은 혐오 표현이다.

D1이 아니라 D2일 것이다. 애초에 '맘충'이라는 단어로 세계를 분류하는 일은 정당화되지 않는다는 것이 D의 생각일 터이기 때문이다. 하지만 C는 식당에서 무리한 요구를 하는 어머니가 실제로 존재하니 '맘충'을 쓰는 데에는 아무런 문제가 없다고 항변한다. 여기서 중요한 것은 식당에서 무리한 요구를 하는 어머니가 있는지 없는지의 문제가 아니다. 설령 '맘충'에 담긴 서술적 내용(식당에서 무리한 요구를 하는 어머니)을 충족하는 사람이 있다고 하더라도 '맘충'이라는 비하적인 평가가 담긴 범주로 세계를 분류해도 되는지 안 되는지가

문제이다.

특정한 언어 표현을 세계를 분류하는 데 사용할 수 있다고 생각하는 이와 그렇게 생각하지 않는 이는 다른 언어를 사용하는 셈이며, 이 역시 존 윌킨스가 세계 공용어를 통해 해결하고자 했던—그러나 보르헤스는 아마 해결이 안 되리라고 본—문제이다.

" 확장 "

첫 번째 확장

다양한 배경을 가진 열 명의 사람을 떠올리자. 열 명의 사람을 다음의 범주로 분류한다고 할 때, 문제가 있는 분류가 있는가? 만일 문제가 있다면 그 문제란 정확히 무엇인가? 문제가 없는 경우에는 '문제없다'에 표시하고, 문제가 있는 경우에는 '문제 있다'에 표시한 뒤 그 문제를 서술한다. 3)은 독자가 범주를 직접 기입한다.

예)
- '흑인이다'

    문제 있다 / 문제없다

    문제가 있다면, 그 문제는 인종 분류에는 인종차별주의가 함의되어 있다는 데 있다.

1) '예쁘다'

    문제 있다 / 문제없다

    문제가 있다면, 그 문제는 _____ 이다.

2) '전라도 출신이다'

    문제 있다 / 문제없다

    문제가 있다면, 그 문제는 _____ 이다.

3) _____

문제 있다 / 문제없다

문제가 있다면, 그 문제는 _____

_____ 이다.

두 번째 확장

'짱깨' 같은 범주는 그 사용이 정당화되는가? 정당화된다고 생각하는 이도, 정당화되지 않는다고 생각하는 이도 있을 수 있다. 각각의 근거를 서술해 보자.

- '짱깨'의 사용은 정당하다. 왜냐하면,

  _____

  _____

  때문이다.

- '짱깨'의 사용은 정당하지 않다. 왜냐하면,

  _____

  _____

  때문이다.

'짱깨' 외에, 사용의 정당화를 두고 논란이 있는 범주를 하나 더 서술해 본다. 이번에는 명사 말고, '예쁘다' 같은 형용사를 기입한다.

- '_____' 의 사용은 정당화와 관련한 논쟁을 불러일으킨다.

" 심화 질문 "

 세계의 모습을 있는 그대로 반영하는 객관적인 분류 체계가 있는지, 그러한 객관적 분류를 가능하게 하는 공용어가 있는지 궁금하다. 플라톤이나 칸트 같은 이성주의 철학자들은 그러한 객관적 분류 체계가 있다고 간주하는 경향이 있다. 그러한 분류 체계는 정말 객관적인가? 백인이고, 남성이면서, 장애가 없고, 도시에 살며, 이성애자인 그들이 제안하는 범주 및 그 범주에 기반한 분류 체계는, 흑인이고, 여성이면서, 장애가 있고, 시골에 살며, 동성애자인 어떤 이의 분류 체계와 일치하는가? 일치하지 않는다면 ─ 그리고 영영 일치할 수 없다면 ─ 우리는 그 상충을 어떻게 다루어야 하는가?

두 번째 우물

새로 읽어 새로 쓰기, 그런 다음 또 새로 읽어 새로 쓰기

—「피에르 메나르, 『돈키호테』의 저자」
Pierre Menard, autor del Quijote

호르헤 루이스 보르헤스, 「피에르 메나르, 『돈키호테』의 저자」,
『픽션들』, 송병선 옮김(민음사, 2011), 51~66쪽.

" 작품 요약 "

프랑스의 상징주의 시인 피에르 메나르는 세르반테스가 17세기에 쓴 소설 『돈키호테』를 새로 쓰겠다는 계획을 세운다. 그의 계획은 20세기판의 또 다른 『돈키호테』를 쓰는 것이 아니라 『돈키호테』 자체를 새로 쓰는 것이었다. 이를 위해 메나르는 몇 가지 방법을 고안했는데, 그중 세르반테스의 모국어인 스페인어로 된 『돈키호테』를 프랑스어를 모국어로 하는 메나르 자신이 스페인어로 다시 쓰는 방법을 택한다. 『돈키호테』의 몇몇 부분을 한 글자도 다르지 않게 쓴 이 소설은 세르반테스가 쓴 『돈키호테』 원작보다 훨씬 풍요롭다. 그러나 양피지 위에 쓰인 메나르의 『돈키호테』는 작가 자신에 의해 폐기되거나 지워져 초고가 남아 있지 않다.

" 독법 1 "

작품을 읽는다는 것은 무엇인가? 작품을 읽는다는 것이 작품을 구성하는 기호만을 소리 내어 읽음을 뜻하지 않음은 자명하다. 이제 막 글자를 읽을 수 있는 어린아이가 보르헤스의 소설을 큰 소리로 읽는다고 하더라도 우리는 그것이 진정한 '작품 읽기'가 아니라는 점을 안다. 작품을 읽는다는 것은 작품에서 무언가를 읽어내는 것을 뜻하며, 그 '무언가'에 해당하는 것이 무엇인지를 선명히 해둘 필요가 있다.

많은 경우 독자가 작품에서 읽어내고자 하는 무언가를 작가의 의도라고 이해한다. 독자는 작품을 마음대로 해석해서는 안 된다. 독자는 작가가 작품을 통해 의도하는 바를 임의적 개입이나 주관적 판단 없이 가능한 한 있는 그대로 포착해야 하는 의무를 진다. 예컨대 현진건은 「운수 좋은 날」을 통해 일제 치하에서 조선 민중이 얼마나 비참한 삶을 사는지를 있는 그대로 묘사하고자 했다. 이것이 현진건의 의도라고 할 때, 「운수 좋은 날」을 읽고 나서 '김 첨지는 가정 폭력범인데? 죽은 아내의 따귀를 때려?'라는 반응을 보인다면 이 반응은 작가의 의도를 포착하지 못한, 따라서 작품을 잘못 읽는 행위에 해당한다.

하지만 정말 그러한가? 작가의 의도 파악을 작품 읽기의 핵심으로 간주하는 일은 독서의 능동성을 약화하고, 작품에 대한 건전한 평가를 차단하며, 새로운 가치관을 통한 작품의 다각적 확장을 막지 않는가? 작가의 의도에 얽매이지 않고 독자 자신의 입장에서 작품을 새로이 읽는 일은 작가의 의도를 포착하는 일 이상으로 중요하며, 이렇게 새로이 읽을 때 원래의 작품은 새로운 작품으로 거듭나게 된다. 예컨대 이런 식이다.

A: 「운수 좋은 날」은 모범적 소설이다. 일제 치하에서 조선 민중이 얼마나 비참한 삶을 사는지를 있는 그대로 묘사하기 때문이다.
B: 「운수 좋은 날」은 모범적 소설이 아니다. 가정 폭력을 미화하기 때문이다.

새로운 가치관에 입각한 진술인 B는 「운수 좋은 날」의 속성을 '모범적 소설임'에서 '모범적 소설이 아님'으로 교체한다. 이와 같은 방식으로 속성이 바뀌는 것을 '원래의 작품이 새로운 작품으로 거듭난다'의 한 가지 의미로 이해할 수 있다. 이렇듯 새로운 읽기가 단순히 독자의 주관적 체험이 아니라 작품 자체의 속성을 바꾸기도 한다는 점에서, 읽기와 쓰기가 그리 다른 것이 아님을, 읽기가 어떤 의미에서의 쓰기임을 눈치챌 수 있다.

읽기와 쓰기의 동등성, 아니, 동일성을 파악한 선구적인 인물이 「피에르 메나르, 『돈키호테』의 저자」 속 피에르 메나르이다. 『돈키호테』를 세르반테스의 눈으로 읽기를 거부하는 메나르는 『돈키호테』를 새로 쓴다. 『돈키호테』를 새로 쓰는 데 가능한 방법으로는 두 가지가 제시된다. 하나는 해당 작품의 작가와 메나르 자신이 "완전히 일치"(57쪽)하는 것이다. 다시 말해, 20세기 프랑스 사람인 메나르가 17세기 스페인 사람인 세르반테스가 되어 자신이 17세기 스페인 사람인 양 태도를 취하면서 쓰는 것이다. 하지만 "세르반테스가 되어 『돈키호테』에 이르게 되는 것은 피에르 메나르로 존재하면서 피에르 메나르의 경험을 통해 『돈키호테』에 이르는 것보다 덜 도전적이고, 따라서 덜 흥미롭다."(58쪽) 작품을 새로이 읽을 기회를 박탈하기 때문이다. 보르헤스는 이를 '모든 시대가 같다는 생각으로 우리를 이끈다'라는 표현으로 축약하는데, 이는 작품의 의미를 저자의 의도에 한정함으로써 새로운 읽기를 막는 협소한 시각이다.

"덜 도전적이고, 따라서 덜 흥미"(58쪽)로운 방법이 하나 더 있다. 그것은 "그리스도를 어느 대로변에, 햄릿을 카네비에르 거리에, 돈키호테를 월스트리트에 갖다 놓는"(56쪽) 것이다. 과거의 작품을 재해석할 때 오늘날에도 사용되는 이 방법을 메나르는 택하지 않는다. 돈키호테가 월스트리트에서 말을 타고 우왕좌왕하는 모습이 우리에게 웃음을 줄 수는 있겠지만, 그러한 맥락 변경은 가벼운 웃음 이외의 무언가를 선사하지 않는다. 보르헤스는 이를 '모든 시대가 다르다는 생각으로 우리를 이끈다'라는 표현으로 축약하는데, 이는 그 방법이 과거의 가치관과 오늘날의 가치관 사이의 단순한 차이만을 부각할 뿐, 새로운 시대의 눈을 통해 과거의 작품이 진정 확장되고 풍요로워질 가능성을 차단한다는 말과도 같다.[1]

---

1 메나르가 자신의 시도를 "놀라움 그 자체"라고 말하는 대목에 오역이 있다.(57쪽) 기존 번역문과 제안 번역문을 이어서 써두겠다. "신학적이거나 형이상학적인 증거 ― 외부 세계, 하느님, 우연성, 보편적 형식들 같은 ― 가 지향하는 최종점은 내가 공표한 소설보다 더 이전의 것도 아니고 더 일반적인 것도 아니야"를 '신학적 증명이나 형이상학적 증명에 쓰이는 최종 어휘 ― 그러니까 외부 세계, 신, 우연, 보편적 형상 같은 것 ― 는 내가 공표한 소설에 앞서지도 그보다 일반적이지도 않아'로 바꾸기를 제안한다. '이전의 것'은 시간상 과거에 있는 것이고, '앞서는 것'은 논리적으로 또는 존재론적으로 더 중요한 것이며, 여기서 쓰이는 것은 후자이다. 메나르의 이 새로 읽고 새로 쓰기 작업은 우리가 세계를 이해할 때 기존에 사용했던 수단들보다 더 근본적인 수준에

그렇다면 『돈키호테』에 어떻게 접근하는 것이 더 도전적이고, 따라서 더 흥미로울까? 메나르가 생각하기에 가장 효과적인 방법은 원작과 같은 17세기 스페인어를 쓰되 20세기 프랑스인인 자신의 시각을 견지하면서 『돈키호테』를 쓰는 것이다. 이를 위해 그는 원저자의 자전적인 〈서문〉을 빼기도 하고 배경 설정을 바꾸기도 했으나, 원작 『돈키호테』와 모든 단어와 모든 행이 완전히 일치하는 몇 쪽을 쓰기도 했다. 흥미로운 점은 그 대목이 원작과 모든 글자가 같은데도 불구하고 원작과 똑같이 읽히지 않는다는 데 있다. 다음은 세르반테스의 문장이다.

(…) '진리'의 어머니는 역사이자 시간의 적이며, 행위들의 창고이자 과거의 증인이며, 현재에 대한 표본이자 조언자고, 미래에 대한 상담자다.(63쪽)

다음은 메나르의 문장이다.

(…) '진리'의 어머니는 역사이자 시간의 적이며, 행위들의 창고이자 과거의 증인이며, 현재에 대한 표본이자 조언자고, 미래에 대한 상담자다.(63쪽)

두 문장은 같으면서 다르다. 기호의 차원에서야 완전히 같다. 두 사람이 쓴 두 개의 문장은 같은 유형의 문자로 구성되

있고, 따라서 그의 방식으로 세계를 읽고 쓰는 것이야말로 가장 최선의 시도이겠다.

어 있다. 그러나 어떤 차원에서는 다른 문장이기도 하다. (물론 위의 인용에서는 둘 다 한국어로 번역되어 있기는 하지만,) 전자는 스페인어를 모국어로 하는 세르반테스가 17세기에 스페인어로 쓴 문장이고, 후자는 프랑스어를 모국어로 하는 메나르가 20세기에 스페인어로 쓴 문장이다. 작가가 다르면 문장의 의미와 효과도 달라진다. 예컨대 16세기 조선 양반이 "이리 오너라"라고 발화하는 것과, 현대 한국인이 "이리 오너라"라고 발화하는 것은 다르게 읽힌다. 후자의 경우, 발화자에게 오는 사람은 한 명도 없을 것이다.

보르헤스는 동일한 기호로 이루어진 세르반테스의 문장과 메나르의 문장은 다르다고 역설한다. 메나르의 문장은 작품을 새로이 읽게 한다는 점에서, 그리고 작품을 새로이 읽게 하는 새로운 세계를 끌어들인다는 점에서 훨씬 더 풍요롭다. 『돈키호테』를 새로 쓰겠다는 메나르의 전복적인 작업은 자신을 세르반테스처럼 유명한 소설가로 만들겠다는 의도에서 비롯한 것이 아니다. 메나르는 새로 읽는 것이 새로 쓰는 것임을, 따라서 새로 읽음으로써 작품의 속성이나 그에 대한 평가가 바뀔 수 있음을 보이고자 한다. 결론적으로 말하자면, 작품을 읽는 것은 작가의 의도를 읽는 것이 아니다. 작품에서 무언가를 읽어낸다고 할 때, 독자가 읽어내는 그 '무언가'는 독자가 직접 쓴 것이다. 읽기가 곧 쓰기라는 말이다.

" 독법 2 "

피에르 메나르는 왜 『돈키호테』를 새로이 쓰고자 했을까? 메나르의 지인으로 등장하는 소설 속 화자가 세르반테스의 『돈키호테』를 읽다가 문득 떠올린 셰익스피어의 문구 하나를 보자. 셰익스피어의 『오셀로』 속 주인공인 오셀로는 베네치아에서 용병으로 일하는 무어인이다. 인종이 달라 콤플렉스를 겪던 그는 그 콤플렉스와 질투심을 이기지 못하고 자신의 아내와 자기 자신을 죽이는 어리석은 행동을 하고 만다. 자신을 칼로 찌르기 직전에 오셀로가 내뱉는 다음의 말을 소설 속 화자인 '나'는 느닷없이 떠올린다.

> 언젠가 알레포에서, 머리에 터번을 두른 성미 고약한/심술궂은/가증스러운 터키인이 (…)(59쪽, 『오셀로』, 5막 2장)

여러 한국어 번역본에 따라 '성미 고약한', '심술궂은', '가증스러운'으로 번역된 단어는 'maligno/malignant'이다. 이 단어는 기본적으로 부정적인 의미를 담고 있다. 오셀로는 터키인을 자기 자신과 다른 존재자로, 열등한 존재자로 본다. 그래서 한 터키인이 베네치아인을 때리는 모습을 보고 그 터키인을 가차 없이 칼로 찔렀던 것이다. 그러나 『오셀로』의 말미에서 오셀로는 자신이 그 터키인을 찔렀던 바로 그 모습으로 자신이 자기 자신을 찌른다는 점을 공표한다. 보르헤스는 왜 이 문장을 인용했을까? 보르헤스는 메나르가 새로 쓴 『돈키호테』라고 상상하면서 원작을 읽다가, 원작의 한 대목에서 메나르의 문체를 읽어내는 데 이른 직후, 이 문장을 떠올렸다.[2] 실제로 메나르가 쓴 바 없는 대목을 메나르가 썼다고 생각하는 것만으로도 해당 대목이 보르헤스에게 다르게 읽히듯, 독자는 자신이 속한 구체적인 맥락에서 작품을 읽을 수밖에 없다.[3] 이를 통해 보르헤스는 『오셀로』의 해당 구절이 현대의 독자에게 잘못된 편견을 담은 구절로서 비판적으로 읽히는 것이 당연하다고, 따라서 삭제되어도 좋다고 주장하는 듯하다. 사람이 사람을 인종이나 국적을 이유로 등급을 매기는 것은 시대와 문화를 막론하고 폐기되어야 하는 가치관이라고 생각해서 그런 것이 아닐까.

앞서 메나르는 『돈키호테』를 새로 쓰는 두 가지 방법을 각기 '모든 시대를 같다고 생각하게 한다'는 이유에서, 또 '모든 시대를 다르다고 생각하게 한다'는 이유에서 거부한 바 있다. 이는 모든 시대가 다르지만 어느 측면에서는 같다는, 즉 시대가 흐르더라도 존속하는 무언가가 일부 있음을 함축한다. 그러한 무언가를 기준으로 작품을 새로 읽는 것, 아니, 그렇게 읽음으로써 작품을 새로 쓰는 것이 메나르의 시도이며, 그러한 한에서 메나르가 쓴 『돈키호테』는 "역사 소설"(61쪽)이다. 여기서 '역사 소설'은 '특정한 시대를 배경으로 실존했던

---

2 "며칠 전 밤에 나는 메나르가 결코 시도해 본 적이 없는 『돈키호테』 26장을 훑어보다가, 우리 친구의 문체를 알아보았고, "강의 요정들, 고통에 시달리며 축축하게 젖어 있는 에코."라는 멋진 문장에서 그의 목소리를 들은 것만 같았로."(58쪽) 같은 기호로 이루어져 있는 문장을 읽으면서 누군가는 셰익스피어를, 누군가는 메나르를 떠올리는 일은 충분히 가능하다.
3 게다가 '메나르'라는 인물 자체가 보르헤스가 만든 허구의 인물이다. 혹시라도 이 점을 모른 채 이 글을 여기까지 읽은 분이 있다면 묻고 싶다. 앞의 내용이 아까와 똑같이 읽히는가?

특정인이나 역사상의 사건을 소재로 쓴 소설'이 아니다. '역사를 대상으로 하는 소설' 내지 '역사를 재해석하는 소설'이다.

역사는 이미 지나간 사건들의 집합이다. 우리가 다시 어떻게 할 수 없다는 점에서 역사는 '필연적'이라고 할 수 있다. 그러나 지나간 사건을 새로이 읽음으로써 우리는 그 사건의 속성을 바꿀 수 있으며, 이렇게 속성을 바꿀 수 있다는 점에서 역사는 '우연적'이라고 할 수 있다.[4] 앞서 「운수 좋은 날」과 비슷한 방식으로 문장을 써서 이해해 보자.

C: 제주 4·3사건은 공산주의자가 일으킨 폭동이다.
D: 제주 4·3사건은 극우 폭력 단체 및 이승만 정부가 일으킨 학살이다.

역사를 어떻게 읽는지에 따라 제주 4·3사건은 그 속성이 바뀔 수 있고, 그런 점에서 역사는 필연적인 것이 아니라 우연적인 것이다. 사건이 이미 일어났다는 점 자체는 필연적이지만(어쩔 수 없는 일이지만), 그 속성을 새로운 읽기를 통해 바꿀 수 있다는 점에서 사건은 우연적이다(다른 방식으로 이해할 수 있다). 과거의 작품과 사건의 속성을 '읽기'가 바꿀 수 있음을 보인다는 점에서 메나르가 쓴 『돈키호테』야말로 "역사 소설의 새로운 의미"(61쪽)를 보여준다. 앞서 세르반테

---

[4] "『돈키호테』는 우연의 작품이고, 또 불필요한 책이야"(60쪽)가 아니라 '『돈키호테』는 우연적인contingente/contingent 것일 뿐 필연적인necesario/necessary 것은 아니야'이다. 『돈키호테』라는 작품이 우리 세계에 존재하는 것은 사실이지만 그것이 존재하지 않는 세계도 충분히 떠올릴 수 있다는 말이다. 같은 60쪽에는 "타성적인 언어와 상상에 이끌려"라는 표현이 있는데, 이게 아니라 "언어와 상상이 그 자체로 갖는 관성에 이끌려"가 맞다. 언어와 상상에 자신의 글쓰기를 맡긴다는 의미이다.

스와 메나르가 쓴 두 문장으로 보르헤스가 직접 인용한 문장을 다시 끌어오겠다.

> (…) '진리'의 어머니는 역사이자 시간의 적이며, 행위들의 창고이자 과거의 증인이며, 현재에 대한 표본이자 조언자고, 미래에 대한 상담자다.(63쪽)

이 문장이 이제는 다르게 읽힐 것이다. 과거를 다시 읽어 과거를 다시 쓰고, 현재를 다시 읽어 현재를 다시 쓰고, 궁극적으로는 미래를 다시 쓰게 하는 가능성을 드러낸다는 점에서 메나르의 『돈키호테』는 전복적이다. 기득권은 이처럼 혁신적인 작품이 세계에 드러나는 것을 허용할 수 없다. 소설 속 앙리 바슐리에 부인이 이 작품을 누락한 가짜 목록을 메나르의 작품 목록[5]으로 내놓은 이유가 여기에 있다.(51쪽)

우리는 메나르의 『돈키호테』를 직접 읽어보고 싶지만 그것은 불가능한 일이다. 메나르는 양피지 위에 자신의 『돈키호테』를 쓰고서는 찢거나 지워버렸다. 하지만 메나르의 글씨가 지워진 이 양피지는 가능성으로 무한하다. 독자가 헷갈릴까 봐 보르헤스는 친절하게 이렇게 알려준다. "하지만 불행하게도 첫 번째 메나르가 행했던 작업을 역으로 뒤집을 수 있는

---

5   피에르 메나르의 작품이 열거될 때 사소한 오역이 몇 개 있다.(52~53쪽) 4번 작품의 "보편 언어"는 '보편 기호Characteristica universalis' 내지 '보편 문자'이다. 8번 작품에 등장하는 "상징symbolic 논리학"은 '기호symbolic 논리학'이다. 11번 작품의 "문화인들의 항해 지침"은 '세련된 항해를 위한 나침반'이고, "교양의 나침반"은 '세련된 이들의 나침반'이다. 16번 작품의 "현실의 은폐에 관한 글들"은 '현실의 억압에 관한 글들'이다.

제2의 피에르 메나르만이 이 트로이의 유적들을 발굴하고 부활시킬 수 있을 것"(65쪽)이라고.

'제2의 피에르 메나르'는 누구인가? 과거의 사건을, 과거의 작품을 새로이 읽는 모든 이가 '제2의 피에르 메나르'이다. 모든 사람에게는 "누구나 모든 것을 생각할 수 있는 능력이 있음"(66쪽)이 틀림없다는 것이 보르헤스의 말이다. 우리 모두는 과거의 것을 다시 읽을 수 있다. 남성의 언어로 쓰인 것을 여성의 언어로 읽고, 비장애인의 언어로 쓰인 것을 장애인의 언어로 읽고, 성년자의 언어로 쓰인 것을 미성년자의 언어로 읽고, 고학력자의 언어로 쓰인 것을 저학력자의 언어로 읽고, 식민제국 거주자의 언어로 쓰인 것을 식민지 거주자의 언어로 읽을 수 있다. 앞서 보르헤스는 메나르가 썼다는 상상만으로 세르반테스의 『돈키호테』를 다르게 읽지 않았는가? 자신이 자율적으로 세운 기준에 따른 읽기, 즉 다시 읽기, 다르게 읽기, 새로이 읽기는 그 어떤 쓰기보다도 적극적이고 전복적인 행위일 수 있다.

물론 이렇게 다시 읽는다고 해서 세상이 단박에 바뀌지는 않을 것이다. 메나르도 같은 생각이다. 그가 쓴 작품 목록 중 5번은 이렇다. "폰 하나를 없앰으로써 체스 게임을 더 풍부하게 만들 수 있는 가능성에 대한 전문적인 글. 메나르는 이런 혁신적 방식[6]을 제안하고 권고하고 논의하지만, 결국 이런

---

6   이러한 혁신적 방식 중 하나가 메나르의 작품 목록 2번이기도 하다. "일상 언어에 생명을 불어넣는 동의어들이나 완곡어법이 아니라 '관습에 의해 만들어졌으며 본질적으로 시적 필요성을 지향하고 있는 관념적 대상들'인 관념적 시어를 구성할 가능성에 대한 논문"(52~53쪽)이 바로 2번 작품인데, 여기서 "관습"은 '규약'으로 바뀌어야 한다. 둘 모두

혁신을 거부한다."(53쪽) 새로운 제안이 늘 최선의 것이라는, 또는 세계에 받아들여지리라는 법은 없다. 하지만 체스 규칙을 그냥 받아들이는 것과, 새로운 규칙을 검토한 후 받아들이는 것은 다르다. 기존의 것에 대한 전면적인 검토로서의 읽기는 — 아직 "눈에 보이는 작품"(51, 52쪽)은 아니지만 — 체스 게임을, 그리고 세계의 모습을 더욱 풍요롭게[7] 만들 것이다. 그곳이 우리의 재건된 "트로이"(65쪽)가 될 것이다.

혹자는 이러한 시도를 터무니없는 것으로 돌리겠지만, "그런 '터무니없음'을 정당화하는 것[8]이 바로 이 글의 가장 중요한

'convención/convention'의 가능한 번역어이지만, 전자에는 '하던 대로 계속한다'는 뉘앙스가, 후자에는 '우리가 새로 약속하면 바꿀 수 있다'는 뉘앙스가 있다. 혼동을 야기하는 수식 구조도 바꾸어 내가 제안하는 번역은 "일상 언어를 형성하는 동의어나 완곡어법에 대한 생각으로부터가 아니라, '그 본질상 시에 대한 필요를 위해 규약에 의해 만들어진 관념적 대상'에 대한 생각으로부터 시적 어휘를 형성할 가능성을 담은 논문"이다. '일상 언어'와 '시', '동의어'와 '규약에 의해 만들어진 관념적 대상'을 대비하면 이해하기 쉽다. 전자는 새로운 것을 만들지 못하고, 후자는 그 자체로 새로운 것이다.

7 메나르의 글쓰기 시도를 비판하는 이들은 그의 작품을 "모호"하다고 말한다는 대목이 있다.(63쪽) "모호"가 아니라 '애매'가 맞다. '모호한 vago/vague'은 '무슨 의미인지 명료하지 않은'이고, '애매한ambiguo/ambiguous'은 '무슨 의미인지 명료하기는 한데 그 의미가 둘 이상인'이다. '내리막길이 곧 오르막길이다'를 전자의 사례로, '세련된 어머니의 가방'을 후자의 사례로 들 수 있다. 메나르의 시도는 세계를 읽는 방식이 두 개 이상 있을 수 있음을 함의하기에, 모호한 것이 아니라 애매한 것이다. 명료한 의미가 둘 이상 있기 때문에 메나르의 작품은 "무한할 정도로 풍요"로울 수 있다.

8 한국어 번역본에는 "합리화"라고 되어 있는데 '정당화'가 맞다. 'justificar/justify'는 어떠한 주장을 지지하는 근거를 제시하는 것이며, 이는 '이치에 합당하게 함'이나 '효율적으로 개선함' 등을 뜻하는 '합리화'와는 그 의미가 무척 다르다. 오히려 '합리화'라고 번역하면 제대로 된 근거가 없다는 식으로, 반대로 읽힐 여지가 생겨버린다.

목표"(56쪽)임을 보르헤스는 명시한다.

메나르에게 역사적 진실이란 일어난 것이 아니라 우리가 일어났다고 juzgar[9]하는 것이다.(63~64쪽)

---

9   일부러 스페인어 원문을 그대로 두었다. 'juzgar'는 '판단하다', '판정하다', '재단하다', '생각하다', '심판하다', '소신을 품다' 등의 여러 의미를 가진다. 이 의미들을 위의 문장에 하나씩 대입하여 읽어보기를 권한다.

" 확장 "

첫 번째 확장

몇 가지 예술 작품을 새로이 읽어보자. 예전에 즐겁게 읽고 보았던 소설이나 영화의 속성은 오늘날 내가 새로이 읽더라도 변하지 않고 그대로인가? 아니면 변화하는가? 변화하는 경우에는 어떻게 바뀌는지를 구체적으로 서술한다.

예) 작품: 셰익스피어의 『오셀로』
- 과거의 읽기: 셰익스피어의 『오셀로』는 콤플렉스에 기반한 질투가 얼마나 위력적인지를 보인다.
- 오늘날의 읽기: 셰익스피어의 『오셀로』는 가부장적 질서가 아내의 정절에 기반을 둔다는 점을 전제한다.

1) 작품: _____
- 과거의 읽기: _____
- 오늘날의 읽기: _____

2) 작품: _____
- 과거의 읽기: _____
- 오늘날의 읽기: _____

두 번째 확장

인문 고전 목록에 들어갈 만한 텍스트를 두 개 뽑아보자. 플라톤의 『국가』, 아우구스티누스의 『고백록』, 에라스무스의 『우신예찬』 등, 고전 목록에 속하는 텍스트는 대단히 많다. 그중 자신이 읽었던 텍스트를 하나 골라, 그 텍스트에 대한 긍정적 평가과 비판적 평가 및 각 평가에 대한 근거를 서술한다.

예) 작품: 현진건의 「운수 좋은 날」
- 긍정적 평가와 그 근거: 「운수 좋은 날」은 모범적 소설이다. 일제 치하에서 조선 민중이 얼마나 비참한 삶을 사는지를 있는 그대로 묘사하기 때문이다.
- 부정적 평가와 그 근거: 「운수 좋은 날」은 모범적 소설이 아니다. 가정 폭력을 미화하기 때문이다.

1) 작품: _____
   - 긍정적 평가와 그 근거: _____
   _____
   - 부정적 평가와 그 근거: _____
   _____

2) 작품: _____
   - 긍정적 평가와 그 근거: _____
   _____
   - 부정적 평가와 그 근거: _____
   _____

" 심화 질문 "

 읽는 것은 쓰는 것이다. 단순히 작품을 새로 쓰는 것이 아니라 저자, 독자, 작품을 둘러싼 세계 전체를 새로 쓰는 일이기도 하다. 이 점에서 텍스트의 안과 밖은 날카롭게 갈라지지 않는 것 같다. 작품을 평가하는 일과 세계를 평가하는 일은 엄밀하게 구별되지 않는다. 그러나 내가 사는 세계와 당신이 사는 세계는 아마 다를 것이다. 여성이 사는 세계와 남성이 사는 세계가 다른 것처럼 말이다. 그렇다면 읽기란 단수가 아니라 복수로, 즉 읽기'들'로 성립할 수밖에 없을 텐데, 이 읽기'들' 간의 상충은 어떻게 다루어야 하는가? 같은 작품, 같은 세계를 두고 읽어낸 내용이 다를 때 남는 것은 상충과 갈등뿐인가? 그다음 단계로 가려면 무엇이 더 이루어져야 하는가?

세 번째 우물

책을 읽듯 세계를 읽으려고 했으나

―「바벨의 도서관」
La biblioteca de Babel

호르헤 루이스 보르헤스, 「바벨의 도서관」,
『픽션들』, 송병선 옮김(민음사, 2011), 97~109쪽.

" 작품 요약 "

  바벨의 도서관은 육각형 형태의 진열실들로 이루어져 있다. 각 진열실에는 때로는 이해할 수 있고 때로는 이해할 수 없는 책들이 꽂혀 있다. 무한히 많은 수의 진열실을 돌아다니면서 사람들은 세상을 이해하게 하고 자신의 문제를 해결하는 데 도움을 줄 책을 찾으려고 하지만 모두 실패하며, 그 실패에 따르는 절망은 왜곡과 폐기와 신앙과 살인 등의 다양한 반응을 불러일으킨다. 그러나 화자는 바벨의 도서관이 충분히 유의미하고 합리적이며, 설령 인간이 모두 죽더라도 아무런 문제 없이 영원히 존속하리라고 확신한다.

" 독법 1 "

'바벨의 도서관'에서 '도서관'을 먼저 이야기해 보자. 도서관은 책을 보관하는 장소이며, 책에는 세계를 보고하는 문장이 쓰여 있다. 예컨대 중학교 과학 교과서에는 'F=ma'라는 공식이, 역사 교과서에는 '훈민정음은 세종대왕이 1443년에 창제한 문자이다'라는 기록이 쓰여 있다. 다시 말해, 세계와 세계 속 사건이 먼저 존재하고, 그에 대한 서술이 책에 남겨진다. 그러므로 일반적인 관점에서 보자면 책과 세계는 별개의 것이다. 그러나 보르헤스는 "다른 사람들이 '도서관'이라고 부르는 우주"(97쪽)라는 단도직입적인 표현으로 소설을 시작한다.[1] 이는 「바벨의 도서관」에 등장하는 도서관이 우리가 떠올리는 도서관이 아님을, 그 도서관이 곧 세계임을 의미한다. 둘 사이에 어떤 공통점이 있어서일까? 보르헤스가 말하는 도서관과 세계는 우리가 읽어낼 수 있는 것들로 가득하다는 공통점이 있다. 도서관에서 책을 읽듯, 세계에서도 사실이나 법칙 등을 읽을 수 있고, 이것이 인간의 지적 활동이다.

---

1 번역자는 첫 문장을 "다른 사람들이 '도서관'이라고 부르는 우주는 육각형 진열실들로 이루어진 부정수, 아니, 아마도 무한수로 구성되어 있다"라고 옮겼는데 이렇게 번역하면 우주가 수⋅number로 구성된 것으로 읽힌다. 이와 달리, 우주는 육각형 진열실들로 이루어져 있는데 그 진열실의 개수가 불명확하거나indefinite 무한하다는infinite 의미로 고쳐 읽을 필요가 있다. '불명확한indefinite'과 '무한한infinite'의 차이는 이 작품을 이해하는 데 결정적이다. 예컨대 끝없이 이어지는 수가 있다고 할 때, 0.12382358934543… 같은 수는 'indefinite'한 동시에 'infinite'하다. 이와 달리 0.123123123…은 'infinite'하지만 'indefinite'하지는 않다. 요컨대, 무한한 것이라도 거기에 규칙성이 있다면 그 무한한 것은 인간의 지성으로 포착 가능하다.

이제 '바벨'을 이야기해 보자. '바벨의 도서관'이라는 제목은 구약성서 창세기 1장에 등장하는 바벨탑을 떠올리게 한다. 바벨탑은 고대 바빌로니아인이 건설했다고 기록되어 있는 전설의 탑이다. 그들은 하늘에 닿을 만큼 높은 탑을 쌓아 자기 집단의 정치적 응집을 꾀했으나, 그렇게 높은 탑을 쌓는 모습을 본 신이 분노하여 그들의 언어를 여러 개로 쪼갰다고 한다. 언어가 달라 소통이 불가능하게 되자 바벨탑을 세우겠다는 원대한 계획은 자연스레 좌초된다. 여기까지의 서술에서 두 가지 주제를 끌어낼 수 있다. 하나는 신과 인간의 간극이고, 다른 하나는 의사소통과 번역의 문제이다.

첫 번째 주제는 신과 인간의 간극이다. 신은 이토록 풍요로운 세계를 창조한 주체이지만, 인간은 그렇게 대단한 능력을 가진 존재자가 못 된다. 인간은 초월적인 신이 기획한 세계를 이해하고자 하며, 그렇게 이해한 바를 어떻게든 글로 남기려고 한다. 그런데 바벨탑에서든 바벨의 도서관에서든 인간은 신의 영역에 다가갈 수 없다. 그렇기에 똑같은 세계를 두고 무언가를 읽어낸다고 할 때, 인간이 읽어내는 것과 신이 읽어내는 것은 다를 수밖에 없다. 세계를 이해하고자 하는 인간의 시도는 실패가 예정되어 있다. "불완전한 사서"인 인간이 쓴 책은 신이 써둔 정연한 글자와 달리 삐뚤삐뚤한 글자로 가득할 뿐이다.(99~100쪽) 인간의 지식은 인간 자신이 원하는 수준에 절대 다다를 수 없다.

두 번째 주제는 의사소통과 번역의 문제이다. 바벨의 도서관이 일반적인 도서관과 달리 무한하다는 데 유념해야 한다. "아마도 무한수로 구성되어 있다"(97쪽), "무한하게 보인다"(97쪽), "무한함의 형태이며 약속"(98쪽) 등의 표현은 바벨의 도서관이 무한하다는 믿음을 보르헤스가 견지하고 있음을 숨기지 않는다. 하지만 도서관이 어떻게 무한할 수 있는가? 도서관의 무한성을 이해하려면 바벨의 도서관과 관련한 "몇 가지 공리들"[2](99쪽)을 이해할 필요가 있다.

첫 번째 공리, 바벨의 도서관은 태곳적부터 존재해 왔다. 도서관이 영원히 존재한다는 사실은 세계가 영원히 존재한다는 사실에 비견한다. 이 점은 공리이므로, 즉 증명이 불필요한 명제이므로 이에 대한 의구심이나 반박을 떠올리는 것은 적절하지 못하다. 도서관과 세계는 영원토록 존재해 왔으며 앞으로도 영원토록 존재하는 것은 우리에게 주어진 사실이다. 반면 유한한 인간은 "불완전한 사서"(99쪽)이므로 거기 담긴 책이 어디에 있는지, 그 책 안에 무엇이 쓰여 있는지를 온전히 파악하지 못하는 운명을 타고났다.

두 번째 공리, "철자 기호의 수는 스물다섯 개"(100쪽)이다. 정확히 말하자면, 도서관의 책을 쓰는 데 활용된 25개의 철자는 22개의 알파벳, 1개의 쉼표, 1개의 마침표, 1개의 띄어쓰기 공간으로 이루어져 있다.(100쪽) 이들 기호만으로도 방대한 양의 텍스트를 생성할 수 있다. 「바벨의 도서관」에서 영향을 받은 한 소설가는 '원숭이에게 타자기를 주면 무슨 일이 일어날까? 언젠가 셰익스피어의 비극 한 편을 그 원숭이가 쳐낼 수도 있지 않을까?'를 물었다.[3] 제한된 기호에서 생성될 수

---

[2] 번역이 잘못되어 있다. "원리principle"가 아니라 '공리axiom'이다. 'axiom'은 '증명할 필요 없이 자명한 명제'를 뜻한다. '어떤 것은 자기 자신과 같다'가 공리의 대표적 사례이다. 이어지는 두 가지 명제가 공리라는 말은 그 내용이 우리에게 자명하다는 것을, 별다른 물음이나 의심 없이 그저 주어진 것으로서 받아들여져야 한다는 것을 의미한다.

있는 책은 엄청나게 많다. 어떤 책은 알파벳 M, C, V로만 이루어져 있는데 인간 이성으로는 그 책을 도저히 이해할 수 없다.(100쪽) 하지만 우리 인간이 이해하지 못한다고 해서 그 내용이 비합리적인 것이라거나 내용이 없는 것이라고 단언할 수는 없다. 인간의 언어가 아닌 다른 언어로 쓰였을 가능성도 있기 때문이다. 알파벳 M, C, V가 반복된다는 그 410쪽 분량의 책의 말미에 "아, 시간, 그대의 피라미드들"(100쪽)이라는 구절이 있는 것을 보면, 책 전체는 분명히 유의미하되 그 유의미성 중 인간이 이해할 수 있는 영역이 대단히 제한적인 것만 같다.

의사소통과 번역의 문제가 여기에서 드러난다. 인간은 인간 아닌 존재자와 의미 누락 없이 의사소통을 할 수 없다. 다른 언어 사이에는 번역이 불가능하거나, 적어도 완전한 번역은 불가능하기 때문이다. 신의 언어로 쓰인 책이 세계에 여럿 있는데도 그 책에 쓰인 글자가 또박또박 쓰여 있다는 데 감탄할 수만 있을 뿐 막상 그 책을 이해할 수는 없다. 막대한 양의 책 가운데 무엇이 유의미한 무의미한지를 구별할 수 없다. 인간 자신의 언어로 쓰인 책 외에는 애초에 손을 댈 역량 자체가 인간에게는 없기 때문이다.

인간의 언어로 직접 쓴 책에 대해서는 어떨까? 그 책이 맞는 말로만 이루어졌다는, 즉 세계를 참되게 기술했음을 보증하는 것은 아무것도 없다. 이 풍요로운 세계의 진정한

---

3   에밀 보렐Émile Borel이 쓴 「통계 역학과 비가역성Mécanique Statistique et Irréversibilité」을 말한다.

모습은 신의 기획을 이해함으로써만 파악 가능할 텐데, 인간은 신의 언어를 번역하여 읽을 수 없기에 그러하다. 심지어 인간의 언어들 사이에서 번역이 온전히 이루어지도록 보증하는 것도 없다. 세계가 도서관이라면 보르헤스의 이 작품도 세계라는 도서관 안에 보관되어 있을 텐데, 그 도서관의 책은 앞서 말했듯 25개의 철자로 이루어져 있다. 하지만 보르헤스의 모국어인 스페인어는 알파벳만 하더라도 27개나 되고, 이를 번역한 한국어의 자음과 모음은 총 40개이다. 바벨탑이 그렇듯 바벨의 도서관에는 여러 언어가 혼재하며, 인간은 스페인어나 한국어 같은 모국어 외의 다른 언어로부터 번역되는 내용을 신뢰할 수 없다.

풍요로운 세계에 대하여 인간은 지식을 확보하고자 하지만 ─ 다시 말해 그 도서관에 있는 책을 읽고자 하지만 ─ 이 바람은 실패한다.

" 독법 2 "

이 실패를 대면한 인간은 다양한 태도를 보였다. 어떤 이들은 모든 문제를 해결하게 하는 책이 있으리라는 기대 아래 그 책을 찾아다녔다. 그중 혹자는 개인의 행위와 삶을 정당화하는 "변론서The Vindications"(103쪽)를 찾아다녔다. 어떤 이들은 도서관, 즉 세계의 기원이 담긴 책을 찾아다녔다. 그런 책을 찾다가 실패한 이들은 그런 책을 직접 지어내거나 아니면 반대로 자신이 생각하기에 불필요한 책을 폐기해 나가는 방식으로 그 책을 찾으려고 했다. 그러다가 사람들은 자살하기도, 서로 죽이기도 했다.

'변론서'를 중심으로 이야기를 잇겠다. '변론서'로 번역된 'las Vindicaciones/the Vindications'는 '정당성을 제시하는 책'으로 이해하면 된다. (시간이 된다면 여기서 이 글 읽기를 잠시 멈추고, 소설로 돌아가 '정당성'과 '변론'이 ― 'vindication'에 대해서는 '변론'보다 '정당성'이라는 번역어가 낫다 ― 얼마나 자주 등장하는지를 확인했으면 한다.) 이를 통해 바벨의 도서관에 거주하는 인간들이 알고자 하는 것은 세계에 대한 사실이 아니라 세계 속 사태에 대한 정당성이라는 점을 이해할 수 있다. 어떠한 사실이나 행위에 이유 내지 근거가 있으면 그것은 정당하다. '왜 지각했죠?'라는 물음에 '오는 길에 교통사고가 나서요'라고 답한다면, 교통사고가 지각에 대한 정당성을 제공한다.

우리는 늘 '왜?'를 묻는다. 노을이 지는 현상에 대해서도 '왜?'를 묻고, 내가 지금 이렇게 태어난 것에 대해서도 '왜?'를 물으며, 타인의 행위를 두고서도 '왜?'를 묻는다. 하지만 그 수많은 사실을 정당화하기는 어렵다. 그 모든 것은 나에게 그저 주어졌을 뿐 그에 대한 이유나 근거를 찾기는 어렵다. 하지만 물음 자체는 사라지지 않는다. 그와 같은 이유나 근거를 담고 있는 책이 있다면 그것이 '정당성을 제시하는 책'일 터이고, 그 책은 인간의 가장 근본적인 물음에 답할 것이다. 이런 책이 있을까?

보르헤스는 그 책이 바벨의 도서관에 정말로 있다고 말한다. "변론서들은 존재"(103쪽)한다는 표현을 통해 분명히 긍정적으로 답한다. 그러나 문제는 이 변론서가 도서관 어디에 있는지를 알아내기가 불가능하다는 데 있다. 보르헤스의 말마따나 "누군가 자기의 변론서를 찾거나, 아니면 그 변론서의 엉터리 판본을 찾을 확률은 '영'에 가깝다."(104쪽) 그러나 초점은 변론서를 찾을 확률이 사실상 0이라는 점이 아니라 변론서가 있다는 점에 찍혀야 한다. 이 책을 찾는다면 우리는 나 자신과 세계가 왜 특정한 방식으로 존재하는지를 이해할 수 있고, 그렇게만 된다면 인간은 세계를 창조한 신의 위치에 조금 더 다가가게 되는 셈이겠다.[4]

변론서를 찾고자 하는, 그럼으로써 인간이 닿을 수 없는 영역을 알고자 하는 인간으로 가득한 바벨의 도서관에서도 바벨탑에서처럼 신의 처벌이 가해질까? 보르헤스는 그렇게 생각하지 않는다. 바벨의 도서관에서 신은 인간사에 개입하지

---

4   이 대목에서는 인격신을 떠올리기보다는, 인간이 이해할 수 없지만 이해하고 싶은 영역에 대한 비유로 신을 떠올렸으면 한다. 서양 철학에서든 이 소설에서든 '신'이나 '절대자' 같은 표현이 등장했을 때 특정 종교의 인격신을 떠올리면 이해가 산으로 가게 된다.

않는다. 인간은 애초에 신의 피조물이 아니니 말이다. "불완전한 사서인 인간은 우연이나 개구쟁이 조물주의 작품일지도 모른다"(99쪽)라는 문장은 인간이 신에게 완전히 종속된 존재자가 아니며 그에게는 자유가 있음을, 특히 세계의 무한함을 특정한 방식으로 읽어낼 자유가 있음을 함의한다. 세계 어딘가에 있는 변론서를 찾기만 한다면, "우주는 정당화"되고 "순식간에 인류의 무궁무진한 희망과 일치"하게 되는 일이 벌어질 것이다.(103쪽) 이 희망 자체를 신이 꺾을 수는 없다.

그러나 인간의 모색이 쉽게 이루어질 리 없다. 소설의 서두에서 묘사되는 도서관의 모습은 미로에 다름 아니다. 자신이 있는 곳이 가운데인지 가장자리인지, 자신이 가고 있는 방향이 북쪽인지 남쪽인지 알 도리가 없다. 세계라는 도서관에서 책을 찾아 헤매는 것은 미로 안에서 헤매는 것과 동일하기에 우리는 늘 좌절한다. 그 결과로 발생한 미신 중의 하나가 "책의 사람el Hombre del Libro/the Book-Man"(105쪽)에 대한 것이다. 'el Hombre del Libro'는 '책의 사람'이 아니라 '책이라는 사람', 곧 '그 자신이 곧 책인 사람'이다.[5] 어떻게 이런 사람이 있을 수 있는가? 그는 도서관에 있는 모든 책을 요약한 "편람 중의 편람"(98쪽)을 읽은, 그래서 이 세계에 대한 모든 정당성을 파악한 사람이기 때문이다. 보르헤스는 이 사람의 존재를 둘러싼 이야기를 미신이라고 말하면서도 그가 존재하기를

---

5 스페인어 단어 'de'와 그에 해당하는 영어 단어 'of'를 무턱대고 '-의'로 번역하는 관행은 한국 학술 번역계의 가장 큰 문제 중 하나이다. 그런 식으로 번역하면 '책이라는 사람'이 '책의 사람'이 되고, '동물에 대한 연구'가 '동물의 연구'가 되고, '사과들로 이루어진 집합'이 '사과의 집합'이 되며, '성질 급한 사람'이 '성질 급함의 사람'이 되어버린다.

간절히 소망한다. 세계의 모든 것을 이해하고자 하는 것이 지적 존재자인 인간의 궁극적 목표라서 그럴 것이다.

지식을 찾고자 하는 이들의 좌절은 다른 방향으로 전환되기도 한다. 그들은 자신이 찾지 않더라도 어차피 세계는 가능한 모든 방식으로 책에 쓰여 있으니, 이를 기반으로 책 자체에 대한 물신 숭배를 행한다. "책 앞에 엎드려 마치 야만인들처럼 책장이 입을 맞추는" 잘못된 행위는 "모든 것이 이미 쓰여 있다는 확신" 때문에 일어났다.(108쪽) 그러한 확신은 "우리라는 존재를 지워 버리거나 환영적인 존재"로 만들기에 인간은 적극적인 지적 활동을 벌일 이유가 없다.(108쪽) 세계에 대한 탐색 없이 책 자체를 숭배하는 모습을 실제로 사서이기도 했던 보르헤스가 어떤 시선으로 바라보았을지도 떠올려보자.

아무튼 세계에 대한 지식을 확보하고자 하는, 세계라는 도서관의 책을 모조리 읽고자 하는 인간의 바람은 이루어지지 못한다. 그래서 인간의 마음은 늘 우울할melancholy 수밖에 없다. 소설의 서두에 인용된 문구가 『멜랑콜리melancholy의 해부』에서 인용된 것은 우연의 일치가 아니다. 인간은 탐색하는 한 우울하다. 인간은 신의 언어를 이해할 수 없고, 다른 인간의 언어조차 이해할 수 없기 때문이다.

보르헤스의 결론은 이처럼 우울하기만 할까? 보르헤스가 잘 보이게 숨겨둔 몇 가지 정보를 끄집어내도록 하겠다. 소설 서두는 "이런 방식으로 당신은 스물세 글자들의 변형체들을 볼 수 있을 것이다"[6](97쪽)라는 인용문으로 시작한다. 어,

---

6 23개 철자가 이런저런 모양으로 변한다는 말이 아니다. 23개의 철자로 수많은 문장을 만들어낼 수 있다는 말이다.

그런데 이 인용문을 쓴 로버트 버튼은 영국인이고, 영어의 알파벳은 26자이다. 어, 그러고 보니 보르헤스의 모국어인 스페인어의 알파벳 개수는 27자이다. 어, 하지만 보르헤스는 세계라는 도서관에 보관된 책들이 22자의 알파벳으로 쓰여 있다고 말한다. 이제 보니 「바벨의 도서관」이라는 이 소설의 원전은 스페인어로 쓰인 것이 아니며(23개 철자), 보르헤스가 스페인어로 쓰는 순간 이미 번역이 이루어진 상태이다(27개 철자). 보르헤스의 책 자체가 세계라는 도서관에 보관된 책과는 다른 언어로 쓰여 있는 셈이다.[7]

보르헤스는 번역의 가능성을 무조건적으로 부정하지 않는다. 그가 남긴 첫 번째 각주가 100쪽에 실려 있다. 해당 편집자 주[8]는 "(…) 익명의 작가가 열거하는 25개의 충분한 기호"라는 언급을 한다. 이상하지 않은가? 보르헤스는 스페인어 사용자이니 '27개의 기호'라고 써야 맞다. 이 불일치는 이 소설이 스페인어가 아니라 우리가 알 수 없는 어떤 언어로 쓰였음을, 더 나아가 이 소설의 저자가 보르헤스가 아니라 "익명의 작가"(100쪽)임을, 더 나아가 이 소설이 이미 다른 언어로 어느 정도 성공적으로 번역되었음을 의미한다. 원문이 무슨 언어인지를 우리는 알지 못한다. "내 글을 읽고 있는 당신, 당신은

---

7 우리가 읽는 한국어 번역본은 40개의 기호로 이루어져 있다. 한국어 번역본은 한 차례의 번역을 더 거친 결과이다.
8 해당 각주는 한국어 번역본에서 말하는 것과 달리 '저자 주'가 아니라 '편집자 주'이다. 그 편집자 주를 실제로는 보르헤스가 단 것이기에 한국어 번역자가 '저자 주'로 옮긴 듯한데, 소설의 세계관을 따르자면 그 각주는 우리가 알 수 없는 언어로 쓰인 이 소설의 원전을 다듬은 편집자가 쓴 것이므로 '편집자 주'로 옮겨야 한다.

내가 쓰는 언어를 이해한다고 확신하는가?"(108쪽) 하지만 번역은 이미 꽤 성공적으로 이루어져 있다.

바벨의 도서관에서 벌어지는 상황은 바벨탑에서의 상황과 다르다. 언어의 차이가 낳는 것은 번역 불가능성 및 그에 따른 혼란이 아니라 번역의 필요성과 가능성이며, 번역이 이루어지는 가운데 세계라는 도서관에 대한 다양한 의미가 형성된다. 그리고 이는 세계의 풍요로움을 강화할 뿐 혼란함을 더하는 일이 아니다. 두 가지 지점이 이를 뒷받침한다. 한 지점은 'library'에 대한 정의에 관한 것이다. 보르헤스는 'library'라는 단어를 이렇게 생각해 보자고 말한다. 'library'라는 기호[9]가 꼭 도서관을 뜻하리라는 법은 없다. 'library'는 '도서관'일 수도 있지만, "'빵'이나 '피라미드' 혹은 그 어떤 것이기도 하다."(108쪽) 'library'라는 기호가 빵을 의미하는 언어는 충분히 성립 가능하다. 이와 마찬가지로, 세계라는 도서관을 어떻게 정의할지는 개별 언어의 사용자에게 달려 있으며, 그 개별적인 사용 중 무엇이 옳다 그르다를 말할 수는 없다.

또 다른 지점은 마지막 각주에서 찾아볼 수 있다. 거기서는 톨레도라는 사람의 견해가 언급된다. 톨레도는 도서관은 "단 한 권의 책이면 충분할 것"(109쪽)이라고 주장한다. 세계를 우리가 읽어낼 것으로 넘쳐나는 풍성한 도서관으로 간주하기는 하되, 그 도서관을 방대한 크기의 미로 형태 도서관으로 그릴지, 단 한 권의 책으로 그릴지는 서술자의 재량이라는

---

[9] "'도서관'이라는 상징symbol"(108쪽)이 아니라 "'도서관'이라는 기호symbol"이다. 'ㄷ', 'ㅗ', 'ㅅ' 등의 문자로 이루어진 문자 기호를 뜻한다.

말이다. 도서관을 그리는 방식은 하나로 고정되어 있지 않다. 도서관을 어떻게 이해할지는 각자의 소관이다.

도서관의 책을 읽는 일이 가능할까? 무한한 우주를 인간이 포착하는 일이 가능할까? 가능하다. 소설의 첫 문장에 언급된 "부정수, 아마 무한수"(97쪽)가 실마리가 된다.[10] 세계가 무한하다면, 그 무한한 세계를 유한한 인간이 파악하는 일은 불가능하다. 하지만 이 불가능성은 인간의 지식욕과 상충한다. 이 상충을 해소하고자 보르헤스가 소설의 말미에 주기성을 언급하는 것이다. 무한하지만 주기적인 것 — 따라서 무한하지만 불명확하지는 않은 것은 — 0.123123123… 같은 수가 그렇듯 우리가 이해할 수 있다. 얼핏 보면 무질서한 것 같더라도 "무질서가 반복되면 질서"(109쪽)이다. 그 속에서 주기성을 찾을 수 있다면 인간은 진정한 '질서el Orden/the Order'를 확인하게 된다. 요컨대 우주=도서관을 수로 표상할 때 그 수는 부정수이면서 무한수이지만, 그 무한함 속에서 규칙성을 찾을 수 있다면 그 무한수는 부정수가 아니게 된다. 세계가 인간의 이해 대상으로 성립한다는 말이다.

그 일이 쉽지는 않을 것이다. "자살과 폐질환"(101쪽)으로 많은 사서가 사망했다. 그러나 세계를 읽고자 하는 인간의

---

10 "부정수, 아니, 아마도 무한수"가 아니라 '부정수, 아마 무한수'이다. 원문은 "un número indefinido, y tal vez infinito"인데, 스페인어 단어 'y'는 영어 단어 'and'에 해당한다. 다시 말해, 도서관을 구성하는 진열실의 개수는 '부정수가 아니라 무한수'가 아니라 '부정수이면서 무한수'이다. 그러니 세계가 '불명확한 수가 아니라 무한한 수의 진열실로 이루어져 있다'가 아니라 '불명확한 동시에 아마 무한한 수의 진열실로 이루어져 있다'로 번역되어야 한다.

노력이 그칠 것 같지는 않다. 그리고 그 가운데 발생하는 언어 사이의 문제는 고통과 혼란을 낳는 동시에 번역의 필요성을 낳을 것이며, 번역 과정에서 일어나는 의미의 발생은 세계에 대한 이해를 더욱 다양하게 만들어 이 세계라는 도서관에 책 하나를 더 보태, 이를 통해 궁극적으로 세계의 풍요로움에 기여할 것이다. 우리가 '불완전한 사서'라고 할 때 방점은 '불완전한'이 아니라 '사서'에 찍혀야 한다. 인간은 자신이 원하는 방식으로 세계를 묘사하고, 세계 속 책을 읽고 쓰면서 세계를 더욱 풍요롭게 하는 존재자이다. 이를 이해하면 "고독감은 우아한 희망"(109쪽)이 된다.

" 확장 "

첫 번째 확장

온전한 번역은 가능한가? 만일 온전한 번역은 불가능하고, 번역 과정 가운데 의미 누락이나 왜곡이 발생한다면 그것은 무조건 부정적인가? 의미가 생성되는 번역은 있을 수 없는가? 번역에 대한 나의 입장을 써보도록 하자.

예)
- 나는 온전한 번역이 불가능해도 괜찮다고 생각한다.
  번역이 잘못 이루어지더라도 도착 언어의 화자는 그 언어를 통해 세계를 새로이 이해하게 되기 때문이다.

- 나는 번역이 _____
  _____ 생각한다.
- 번역은 _____
  _____ 때문이다.

두 번째 확장

보르헤스는 세계를 무한한 도서관으로 묘사한다. 그러면서 한 권의 책으로 묘사하는 일도 가능하다고 말한다. 나는 세계를 어떻게 묘사하며, 그러한 묘사를 통해 세계의 어떤 속성을 부각하고 싶은가?

예)

- 나는 세계를 무한한 도서관으로 묘사한다.
  세계 속에는 내가 읽어낼 것이 무한히 있기 때문이다.

- 나는 세계를 _____
  _____ 묘사한다.
  세계에는 _____
  _____ 속성이 있기 때문이다.

" 심화 질문 "

보르헤스는 세계에 대한 절대적인 서술이 하나 있다고 가정한다. 인간과 구별되는 창조자인 신이 있다고, 그리고 그의 언어로 쓰인 책이 도서관에 꽂혀 있다고 가정한다. 그렇다면 세계를 참되게 읽는 방식은 단 하나뿐인가? 그렇지 않다면 개별 언어에 따라 또 언어 간의 번역이 이루어지면서 세계를 읽는 방식은 여러 개일 수밖에 없는가? 세계를 읽는 방식이 여러 개라면 우리가 다르게 읽었을 뿐 읽은 것 자체는 단일한 세계라는 보증은 무엇이 행하는가? 만일 세계가 여럿이고 세계에 대한 묘사도 여럿일 수 있다면, 세계를 이해한다거나 포착한다거나 안다는 말을 할 수 있을까? 상상한다거나 떠올린다는 것이 인간에게 허용된 유일한 활동인 것은 아닐까?

네 번째 우물

번역을 통해 새로운 세계로

―「아베로에스의 모색」
La busca de Averroes

호르헤 루이스 보르헤스, 「아베로에스의 모색」,
『알레프』, 송병선 옮김(민음사, 2012), 115~130쪽.

" 작품 요약 "

아리스토텔레스의 『시학』을 번역하던 이슬람 철학자 아베로에스는 난관에 봉착한다. 『시학』 전반에 등장하는 두 단어, 곧 '비극'과 '희극'의 의미를 이해하지 못했기 때문이다. 연극이 존재하지 않는 이슬람 세계에 살던 아베로에스는 극이 어떤 것인지를 전혀 포착할 수 없었다. 그날 저녁, 쿠란 학자인 파라치의 집에서 열린 모임에 참석한 아베로에스는 "시의 특별한 은혜"를 주제로 긴 이야기를 남기고, 그런 다음 집으로 돌아와 비극과 희극에 대한 잘못된 정의를 서술한다. 소설 속 화자는 자신의 처지나 아베로에스의 처지나 별 차이 없다고, 둘 다 우스꽝스럽다고 이야기한다.

" 독법 1 "

「아베로에스의 모색」[1]을 이해하려면, 바로 앞 장에서 다룬 「바벨의 도서관」을 다시 꺼낼 수밖에 없다. 두 작품 모두 번역을, 더 정확히 말하자면 잘못된 번역을 소재로 삼기 때문이다. 「바벨의 도서관」에서는 몇 개의 언어가 등장한다. 우선 세계의 질서를 만들어낸 신의 언어와 그 신의 언어를 온전히 이해하지 못하는 인간의 언어가 있다. 인간의 언어도 한 종류만 있지는 않다. 「바벨의 도서관」에 등장하는 도서관은 25개의 철자로 이루어진 언어로 쓰여 있고, 보르헤스는 27개의 알파벳으로 이루어진 스페인어로 글을 썼으며, 우리는 40개의 모음과 자음으로 이루어진 한국어 번역본을 읽는다.

번역은 한 언어를 다른 언어로 옮기는 작업에 그치지 않는다. 언어가 특정한 세계 속 거주자에 의해 활용되는 도구임을 감안한다면, 번역은 언어와 언어 사이에서 이루어지는 일일 뿐 아니라 세계와 세계 사이에서 이루어지는 일이기도 하다. 그렇기에 번역은 자신이 속하지 않은 세계 및 그 세계를 기술하는 언어를, 자신이 속한 세계 및 그 세계를 기술하는 언어로 변환하는 작업이다. 자신이 거주하지 않는 세계를 이해해야만 하는 번역 작업은 실패가 예정되어 있다. 즉, 오역을 피하는 일은 불가능하다. 그런데 놀랍게도 보르헤스는 오역에서 절망

---

[1] 이 소설은 전통적으로 '아베로에스의 탐구'로 번역되었으나 '탐구'는 적절하지 않다. 소설에서 아베로에스는 적절한 번역어를 찾고자 노력하며, 그러한 노력은 '탐색'이나 '모색'으로 이해되는 것이 낫겠다. 내가 '모색'으로 제안하는 이 단어는 'busca/searching'이다.

이나 우울이 아니라 희망과 기쁨을 느낀다.

오역에서 희망과 기쁨을 느끼는 모습을 이해하기는 어렵다. 보르헤스의 이 태도를 이해하고자, 「아베로에스의 모색」의 주인공 아베로에스를 끌어오겠다. '이븐 루슈드[루시드]Ibn Rushd'가 아랍어 본명이지만 라틴어로는 '아베로에스Averroes'라는 이름을 얻게 된 이 사람은—'아베로에스'라는 이름부터가 어떤 의미의 오역이 낳은 결과이다—아리스토텔레스의 저작을 번역하고 그에 주해를 단 작업으로 잘 알려져 있다. '철학자'라고 하면 플라톤과 아리스토텔레스를 떠올리는 오늘날과 달리, 놀랍게도 중세 초반의 상당히 긴 시간 동안 아리스토텔레스는 변방의 논리학자 정도로 받아들여졌다. 아리스토텔레스 철학의 진면모가 유럽에 전해지는 데에서 결정적인 역할을 수행한 것이 바로 아베로에스의 번역과 주해이다.

하지만 아베로에스조차 오역에서 벗어날 수는 없었다. 자신이 알지 못하는 비극과 희극에 주해를 달아야 하는 과제 앞에서 그는 머뭇거린다. 그렇게 머뭇거리다가 아베로에스는 비극이 '누군가에게 찬사를 내놓는 것'이라는 요지의 잘못된 정의를 내놓는다.(129쪽) 비극은 인생의 슬픔과 비참함을 소재로 하여 주인공의 파멸이나 패배 등을 결말로 삼는 극이지, 주인공을 비롯한 등장인물을 칭찬하는 일과는 거리가 멀다.

이 오역을 비웃은 사람이 에르네스트 르낭Ernest Renan이다. 소설의 서두에 인용된 인용문, "비극이란 칭찬하는[2] 예술과

---

2 이 대목에 오역이 있다. 황병하와 송병선 모두 '칭찬하다'를 의미하는 프랑스어 'louer'를, '빌려주다'를 의미하는 동음이의어 'louer'로 잘못 이해했다. '비극'에 대한 아베로에스의 최종 서술, 즉 "아리스투는 찬사

다름없다는 사실을 상상해 보라"(115쪽)가 르낭의 진술이다. 프랑스의 철학자이자 역사학자인 르낭은 아베로에스의 어처구니없는 실수를 지적하면서, 이슬람 주해가들이 고대 그리스의 철학과 과학은 이해했지만 그 예술의 아름다움은 전혀 이해하지 못했다고 주장한다. "그리스에 대해 아랍인이 아는 것이라고는 철학자와 과학자뿐이었다. 아랍인은 그리스의 천재성을 대표하는 작가를 알 수 없었고, 자신들이 추구하는 것과는 너무나 다른 아름다움을 감상하지 못했을 것이다. (…) 어쨌든 그리스 문학에 대한 이븐 루슈드[아베로에스]의 논평은 정말 웃음을 자아낸다."[3]

그러나 보르헤스는 달리 반응한다. 「바벨의 도서관」에서 말했듯, 보르헤스는 세계를 읽는 방식이 하나일 수도 없고 하나일 필요도 없다고, 여러 언어에 따라 세계가 달리 읽힐 수 있으며, 그러한 다원성이 세계를 혼란하게 만드는 것이 아니라 오히려 풍요롭게 만든다고 이야기한다. 예를 들어보자. 영어의 'please'에 딱 맞는 단어가 한국어에는 없다. 이 단어를 '제발'로 번역하여, 식당에서 '김치찌개 하나 주세요, 제발'이

를 비극이라고 (…)"(129쪽)를 참고하면 기존의 번역이 오역이라는 점은 더욱 분명해진다. 따라서 "비극이란 빌려 온 예술과 다름없다는 사실을 상상해 보라"(115쪽)는 '비극이란 누군가를 상찬하는 예술에 다름 아니라는 점을 떠올려보라'로 수정되어야 한다. 원문은 "S'imaginant, par exemple, que la tragédie n'est autre chose que l'art de **louer**, et la comédie l'art de blâmer"이다. 이 문장을 영어로 번역하면 'Imagine, for example, that tragedy is nothing other than the art of **praising**, and comedy the art of blaming' 정도가 된다. 강조는 내가 한 것이다.

[3] 르낭의 책, 『아베로에스와 아베로에스주의*Averroes et l'averroïsme*』, 48쪽에서 인용했다.

라고 말하는 한 외국어 화자의 사례를 본 적이 있다. 이와 같은 사례는 완벽한 번역의 불가능성을 보이기도 하지만, 어떤 오역은 때로는 유머를, 때로는 문화권의 차이에 대한 인식을, 때로는 번역에 대한 고민을 우리에게 선사한다.

「바벨의 도서관」을 다시 한번 끌어오겠다. 보르헤스는 세계가 진정으로really 어떠한지에 관심이 없다. 철학의 용어를 빌려 말하자면, 그는 실재reality에 대한 포착 가능성에 흥미를 느끼지 않는다. 문자적 의미든 비유적 의미든 신이 세계를 창조했다고 할 때, 어차피 신이 사용하는 언어와 그가 부여한 법칙을 인간이 이해하는 일은 불가능하기 때문이다. 바로 여기가 실존 인물 아베로에스가 실존 인물 알 가잘리Al-Ghazali에게 반대하는 지점이다.(115쪽) 알 가잘리의 주저가 『철학자들의 비정합성Tahafut al-falasifah』이고 아베로에스의 주저가 『그 비정합성의 비정합성Tahafut al-Tahafut』임을 보면, 두 사람이 얼마나 치열하게 논쟁을 벌였는지 짐작할 수 있다.[4]

두 사람 사이의 쟁점을 사례를 들어 거칠게나마 요약해 보자. 알 가잘리는 신이 개체 수준까지의 모든 것을 안다고, 아베로에스는 신이 종種 단위까지만 안다고 주장한다.[5] 개구리

---

[4] 보르헤스와 한국어 번역자가 제목을 잘못 달아두었다. 알 가잘리의 해당 저서명은 'Tahafut al-Falasifa', 곧 '철학자들의 비정합성'이고, 아베로에스의 해당 저서명은 'Tahafut al-Tahafut', 곧 '비정합성의 비정합성'이다. 대단히 유명한 연구서이기에 보르헤스가 일부러 '파괴destrucción'라는 단어로 오역을 저지른 것이 아닐까 싶기도 하다. 두 철학자의 저서가 모두 '타하푸트'이므로, 아베로에스의 저서를 한국어 번역본에서처럼 '타하푸트'로 축약해서는 안 된다.

[5] 번역문의 어순을 다듬기를 제안한다. "신은 단지 우주의 일반적인 법칙, 즉 단일 개체가 아니라 종과 관련되는 것만 알고 있다(…)"가 아니라

종은 뒷다리가 길고 폴짝 뛸 수 있다. 신이 이 점을 알까? 물론이다. 여기에는 두 사람 사이에 이견이 없다. 자, 이제 개구리 종에 속하는 어떤 개구리 한 마리가 오늘 저녁 6시 32분에 파리 한 마리를 먹었다. 신이 이 점을 알까? 신의 전지전능함을 믿는 알 가잘리는 그렇다고 말하고, 신이 일반 법칙의 수준까지만 안다고 믿는 아베로에스는 아니라고 말한다. 신이 모르는 것이 있다는 주장은 인간만이 확보할 수 있는 지식의 영역을 보장한다.

그 고유의 영역에서 인간은 세계와 세계를 잇는 번역 작업을 진행한다. 아베로에스 자신이 실제로 겪었던 삶이 그로 하여금 세계와 세계를 잇는 작업을 맡기에 적합하게 만든다. 아베로에스는 이슬람 철학자이다. 우리는 그가 오늘날 사우디아라비아 아니면 이라크 등에 해당하는 지역에서 살았으리라 추측하게 된다. 그러나 아베로에스는 안달루시아, 즉 오늘날 스페인에 해당하는 지역에서 나고 자랐다.[6] 아베로에스는 세계와 세계 사이에 있는 경계인이었다.

아베로에스는 다른 의미에서도 경계인이었다. 그는 당대 이슬람 세계의 그 누구보다도 그리스 철학에 밝았다. 하지만 그리스인은 아니었다. 더 나아가 아베로에스는 독실한 이슬람 신자였다. 하지만 당대의 신학자들과는 다른 방식으로 독실했다. 그는 엄청나게 다양한 "영원한"[7](119쪽) 장미가 "알라[8]를

'신은 우주의 일반 법칙만을 안다. 개체에는 적용되지 않고 종에만 적용되는 법칙 말이다'가 이해에 도움이 된다.

6 116쪽에 등장하는 "과달키비르강"이나 "사랑스러운 도시 코르도바" 같은 표현이 이를 더 명확히 시사한다.

7 스페인어로는 'perpetuo', 영어로는 'perpetual'이다. '영원한'과 '사시사철

제외한 그 어떤 신도 없으며, 무함마드는 그의 예언자이다"(120쪽)라는 글자를 보여준다는 이야기를 믿지 않았다. 북아프리카와 남유럽, 신학과 철학, 이슬람과 그리스 사이 어딘가에 있는 아베로에스야말로 오역의 필연성을 수용하면서 번역 작업을 멈추지 않는 사람이었다.

지지 않는'이라는 두 가지 의미를 중의적으로 가지는 방식으로 쓰인 것 같다.
8 송병선은 'Allāh'를 '알라신'으로 번역했는데, 이는 '하느님 신' 같은 중복 표현이다.

" 독법 2 "

 반복하여 말하지만, 이 소설은 '비극이란 누군가에게 찬사를 내놓는 것'이라는 오역을 저지른 아베로에스를 비웃지 않는다. 번역이란 자신이 속한 세계를 벗어날 수 없는 인간이 다른 세계를 이해하려고 하는 시도이기에, 우리가 주목해야 하는 것은 그 시도에서 빚어지는 피치 못할 실패나 실수가 아니라 그 시도의 겸허함과 노고이다. 오역을 저지르지 않는 가장 안전한 방법은 번역을 하지 않는 것, 즉 다른 세계를 들여다보려는 시도조차 하지 않는 것이다. 이 선택지를 택한 이들이 바로 파라치의 집에서 아베로에스와 대화를 나누는 사람들이다. 기적을 주제로 하는 그들의 대화를 풀어보자.
 파라치는 쿠란 학자로서, 쿠란의 내용을 축자적으로, 즉 문자 그대로 이해하는 인물이다. 파라치는 어떤 장미 꽃잎이 "알라를 제외한 그 어떤 신도 없으며, 무함마드는 그의 예언자이다"라는 글자를 보여준다고 이야기한다. 압달말리크라는 인물은 어떤 나무의 열매가 녹색의 새라는 놀라운 이야기도 들려준다. 알라의 섭리를 드러내는 이 두 개의 기적을 두고 무어라 말할 수 있을까? 기적을 부정하자니 신심이 부족한 것 같고, 긍정하자니 인간의 이성이 훼손된다. 파라치의 대화 상대자인 아불카심은 알라와 쿠란의 권위를 인정하는 모호한 말로 답변을 얼버무린다.
 아베로에스는 얼버무리지 않는다. 첫 번째 기적을 강하게 부정한다. "저는 이 땅이 신앙을 고백하는 장미를 꽃 피운다는 사실을 받아들이는 것보다는 학식이 높은 이븐 쿠아이바 혹은 그의 책을 복사한 필경사들이 실수를 저질렀음을 받아들이는

쪽"(120쪽)이라는 아베로에스의 답변은 파격적이다. 다만 첫 번째 기적보다는 두 번째 기적이 있을 법하다는 점 정도는 받아들이면서, 그에 대한 근거로 열매와 새들은 '자연의 세계'에 속하지만 글자는 '기술技術'[9]임을 제시한다.(121쪽) 다시 말해, 나무 열매와 새는 자연이라는 하나의 세계에 속한다. 같은 세계에 속하므로 이 둘 사이의 일종의 이행 — 번역 — 에는 무리가 없다. 이와 달리 장미 꽃잎과 '알라를 제외한 그 어떤 신도 없으며, 무함마드는 그의 예언자이다'라는 글자는 다른 세계에 속한다. 전자는 자연 세계에, 후자는 인간 내지 인공 세계에 속한다. 다른 세계에 속하므로 일종의 이행 — 번역 — 에는 무리가 있다. 그렇기에 첫 번째 기적은 아무래도 실제로 일어난 일이 아니라 인간이 잘못 기록한 것 같다는 것이 아베로에스의 요지이다.[10]

왜 하필 기적이 대화 주제로 등장하는가? 기적의 특징 중 하나는 자연법칙에 어긋나는 현상이라는 데 있다. 모든 것이 알라의 섭리 아래 있음을 감안할 때, 기적 역시 신적 법칙을 거스르지는 않을 테니, 기적의 존재는 두 개 이상의 법칙이 내 눈앞에서 공존함을, 즉 양립 불가능한 세계가 내 눈앞에서 한꺼번에 현현함을 의미한다. 기적은 세계와 세계의 일시적이고 느닷없는 교차에서 발생한다. 세계와 세계 사이에서 발생한다는 점에서 기적과 번역은 일맥상통한다.

---

9   원문은 'arte'이다. '예술'이 아니라 '기술', 즉 문맥상으로는 '인간이 만들어낸 것'에 해당한다.
10 이 대목이 등장하는 121쪽에 "플라톤의 모델"이라는 표현이 있는데, 이는 '플라톤이 말하는 범형' 정도로 번역해야 한다. 원문이 'modelo platónico'이기는 하지만 이때의 'modelo'은 '모델'이 아니라 '범형'이다.

아베로에스야말로 기적을 기적으로 이해할 준비가 되어 있다. 복수의 세계에 열려 있기 때문이다. 그러나 대화에 참여한 다른 이들은 하나의 세계에 갇혀 있어 기적을 이해하지 못한다. 그들은 "아랍어는 알라신이 천사들에게 말할 때 사용하는 언어라고 칭송하고 나서 아랍의 시를 극찬"(125쪽)하는 데 머무른다. 하나의 언어에 갇혀 있을 뿐, 다른 언어와의 조우를, 신적 세계와 인간적 세계의 교차를 기대하지 않는 그들에게 기적이 자신의 기능을 수행할 수는 없다. 기적은 물론이고 시 역시 자신의 기능을 수행하지 못한다.

왜 갑자기 시가 등장하는가? 시는 은유[11]를 핵심으로 삼고, 은유와 기적과 번역 사이에는 공통점이 있기 때문이다. 셋 모두 복수의 세계를 넘나든다. '당신은 나의 태양이다'라는 은유 표현은 문자 그대로만 보면 무의미한 문장이거나 거짓 문장이다. 사람이 태양일 수는 없으니 말이다. 그러나 우리는 '당신은 나의 태양이다'가 유의미할뿐더러 발화자가 진심으로 말하는 한, 이 문장이 참이라고 생각한다. 효과적인 은유 표현은 평소에는 연결되지 않는 단어 뭉치들의 경계가 깨질 때 이루어진다. 유사한 단어들의 이 묶음과 유사한 단어들의 저 묶음 사이의 경계가 무화될 때 은유가 발생한다. 다시 말해, 은유는 복수의 세계 사이에서 성립한다는 점에서 번역과 유사하다.

---

11 한국어 번역본에서 'metáfora/metaphor'를 모두 '비유'로 번역했는데 '은유'가 맞다. '비유'는 'comparación'이며, 은유의 상위 개념이다. '고래 싸움에 새우 등 터진다'처럼 은유가 아닌 비유는 세계와 세계가 만나는 지점이 아니라 한 세계 속에서 활용된다.

모든 은유 표현이 끝까지 은유의 힘을 간직하지는 않는다. 시간이 흐르면 은유 표현은 관습적 표현이 되어버린다. '운명은 눈먼 낙타와 같다'라는 은유는 "이미 수많은 사람들의 입에서 수없이 그 비유를 들어 왔던 것이다."(126쪽) 앞에서 예로 들었던 '당신은 나의 태양이다' 역시 그 신선함을 잃고 진부한 표현이 되어버려, 유사한 단어의 묶음들 사이를 오가는 신선한 은유를 만들어야 하는 과업이 시인에게 부과된다. 시인이 만들어내는 은유 표현은 평소에 연결되지 않았던 단어들을 임의로 묶은 것에 그치지 않는다. 번역과 마찬가지로 세계와 세계를 성공적으로 오갈 때 은유는 유의미한 표현이 된다.

어떻게 해야 세계 사이를 오갈 수 있는가? 타임머신을 타고 고대 그리스로 가야만 '비극'에 대한 올바른 정의를 확보할 수 있는가? 여기서 아베로에스가 놓친 지점이 등장한다. 우리가 새로이 접해야 하는 세계는 이미 우리에게 주어져 있다. 파라치의 집으로 가기 직전, 아베로에스는 집 근처에서 장난을 치는 아이들을 본다. 한 아이는 승려 흉내를 내고, 한 아이는 첨탑 역할을 하고, 한 아이는 신도 역할을 맡는다. 아이들이 하고 있는 것이 바로 연극인데도, 심지어 "우리가 찾는 것은 아주 가까이 있다고 생각"(117쪽)하면서도 아베로에스는 이 광경에서 '비극'의 정의를 끌어내지 못한다.

하지만 이는 큰 흠결이 되지 않는다. 이 소설의 등장인물 중 누가 시인인지를 묻는다면 시인은 아베로에스 단 한 사람뿐이다. 아랍어만이 최고라고 생각하면서 새로운 은유를 만들지 않는 시인은 시인이 아니다. 보르헤스에 따르면, "다른 사람들에게는 금지되어 있지 않지만 자기에게는 금지된 어떤 목표를 찾고자 하는 사람의 경우가 더욱 시적"(130쪽)이다. 금지된 목표, 즉 이 세계에 갇히지 않고 다른 세계를 이해하고자 하는 과감한 시도야말로 시적 활동이며, 이에 부합하는 사람은 아베로에스뿐이다. 번역자는 시간상의 거리와 공간상의 거리를 극복하여 세계와 세계의 조우를 가능하게 하고자 노력하는 한에서 일종의 시인이다. 그리고 이렇게 세계와 세계를 만나게 하는 것이 바로 이 소설의 주제인 "시의 특별한 은혜"(128쪽)이다.

삼인칭이었던 소설의 화자는 소설의 말미에서 갑자기 보르헤스로 바뀐다. 보르헤스는 자신도 아베로에스와 다를 바 없다고 고백한다. 아베로에스라는 이슬람 철학자는 그리스를 모르면서도 그리스 철학 문헌을 번역하고자 했고, 보르헤스라는 아르헨티나 소설가는 이슬람도 모르고 다른 시대에 속하면서도 아베로에스를 이해하고자 한다. 두 사람 모두 자신이 속한 세계에 머무르는 데 그치지 않고 자신이 속하지 않은 세계를 탐색한다. 설령 잘못을 저지르더라도 하나의 세계에 갇히지 않고자 하는 이러한 모색이 바로 '아베로에스의 모색'이고, 이 이 모색이야말로 시의 본질, 은유의 본질, 번역의 본질이다.

이 모색의 실패는 예정되어 있다. 보르헤스는 아베로에스의 오역을 보고 아베로에스가 처한 상황을 떠올려 이 소설을 썼을 것이다. 하지만 보르헤스 자신이 말하듯, 보르헤스가 아베로에스에 대해 무엇을 알겠는가? "이 작품이 나를 비웃고 있다는 느낌"(130쪽)을 받으면서도, "짧은 글 몇 개 이외의 다른 자료"(130쪽)만으로 어떻게든 아베로에스를 그리려 했던 보르헤스의 시도에는 분명히 가치가 있으며, 이 시도 자체가 오늘날 아베로에스를 어떤 의미에서 존재하게 한다.[12] 다른 세계에 있는 그를 이해할 수 있다고 믿고 시도하는 것이야말로 그의 존재를 가능하게 하듯, 은유와 번역을 통해 새로운 세계를 모색하는 것이야말로 그 세계의 존재를 가능하게 한다. 반복하여 말하지만, 오역은 비웃음거리가 아니다. 우리가 읽고 있는 이 소설이야말로 아베로에스의 오역이 있었기에 쓰일 수 있었다.

---

12 "내가 아베로에스를 믿는 걸 그만두는 그 순간에 그는 사라진다"(13쪽)라는 소설의 마지막 문장에 두 가지 오역이 있다. 첫째, '아베로에스를 믿는 걸'은 '아베로에스를 생각하기를'로 수정되어야 한다. 원문은 'creer en'인데, 이때 'creer'는 'believe'가 아니라 'think'로 쓰였다. 우리가 생각하고 떠올리는 것도 어떤 의미에서 존재한다는 것은 보르헤스 세계관의 특징이다. 둘째, 이 문장에서 '아베로에스'는 'Averroes'가 아니라 겹화살괄호를 사용하여 '《Averroes》'로 쓰여 있다. 영어로 치면 'scare quote'가 되어 있는 셈인데, 이 표기를 통해 보르헤스는 무언가를 의도하는 것이 분명하다. 'Averroes'라는 이름이 지시하는 대상이 실존 인물 아베로에스라고 할 때, '《Averroes》' 이름이 누구를 지시하는지를 궁리해 보는 것도 재미있겠다.

" 확장 "

첫 번째 확장

하나의 세계에 갇히지 않기를 열망한다면 우리 모두 넓은 의미의 시인이자 번역자가 될 수 있다. 은유 표현을 하나 직접 만든 뒤, 그 표현은 어떤 세계와 어떤 세계를 잇는지 서술한다.

예)
- 은유 표현: '나를 집어 삼킨 어둠의 잇몸'
  (심보선, <식후에 이별하다>에서 인용)
- 이 은유 표현은 어둠이라는 시각적 세계와 잇몸의 물컹한 촉각적 세계를 연결한다.

- 은유 표현: _____
- 이 은유 표현은 _____ (이)라는 세계와
  _____ (이)라는
  세계를 연결한다.

두 번째 확장

도저히 소통할 수 없는 타인이 있다. 그가 속한 세계와 내가 속한 세계에는 어떠한 차이가 있는가? 타인의 진술을 쓴 뒤, 그의 세계와 나의 세계의 차이점을 이해해 본다.

예)
- 고모부: 요새 애들은 너무 노력을 안 해. 나 때는 말이지…
- 세계 사이의 차이: 고도성장이 이루어지던 70~80년대 한국 사회와 그러한 방식의 성장이 더는 이루어지지 않는 21세기 한국 사회 사이에는 차이가 있다.

- 타인의 진술: _____
  _____
  _____

- 세계 사이의 차이: _____
  _____
  _____

" 심화 질문 "

하나의 세계에 갇히지 않는다는 것은 무엇을 의미하는가? 다른 세계를 상상하고 그에 대한 이해를 모색함으로써 또 다른 세계를 존재하게 하는 것에는 어떠한 함의가 담겨 있는가? 예컨대 우리가 자본주의 체제를 따르지 않는 다른 세계를 구상하고, 아직은 온전히 이해할 수 없는 그 세계를 자본주의 체제를 따르는 이 세계의 언어로 번역한다고 하자. 이 번역 작업은 세계와 세계를 잇는 혁신적인 시도인가, 아니면 현실 세계를 회피하고자 하는 무책임한 푸념인가? 온전히 닿을 수 없는 세계를 번역한다는 것에는 과연 긍정적인 기능만 있을까? 거꾸로 실패가 예정되어 있다는 이유에서 다른 세계에 대한 이해를 포기한다면 어떠한 귀결이 따를까?

다섯 번째 우물

가능성이 우글대는 미로 속에서
―「두 갈래로 갈라지는 오솔길들이 있는 정원」
El jardín de senderos que se bifurcan

호르헤 루이스 보르헤스, 「두 갈래로 갈라지는 오솔길들이 있는 정원」,
『픽션들』, 송병선 옮김(민음사, 2011), 110~128쪽.

" 작품 요약 "

    제1차 세계대전 동안, 중국계[1]인 전직 영문학 교수 유춘은 독일군을 위해 스파이로 일한다. 영국에 있는 유춘은 영국 포병대가 자리 잡고 있는 위치를 베를린에 있는 자신의 상관에게 알려 독일군의 폭격에 필요한 정보를 전달해야 하는 임무를 맡고 있다. 하지만 스파이 색출을 위해 영국군 대위 리처드 매든이 자신을 쫓아오자 유춘은 다른 곳으로 도망치고, 도망친 그곳에서 자신의 증조부인 추이펀의 지적 활동에 정통한 스티븐 앨버트를 만난다. 앨버트는 『두 갈래로 갈라지는 오솔길들이 있는 정원』이라는 추이펀의 소설이 사람들의 이해와 달리 그 자체 미로로 계획되었음을 유춘에게 알려준다. 대화 도중 유춘은 앨버트를 총으로 쏘고, 이를 통해 영국 포병대가 위치한 장소가 '앨버트'라는 이름의 도시임을 독일군에 성공적으로 전달한 후 체포된다.

---

1   왜 중국인을 주인공으로 썼는지는 불분명하다. 그러나 이 소설을 집필하던 당시 시력을 거의 잃었던 보르헤스가 그나마 인식할 수 있던 유일한 색이 노란색이었다고 한다. 노란색은 보르헤스로 하여금 세계를 인지하게 하는 길이지 않았을까 싶다.

" 독법 1 "

제1차 세계대전을 배경으로 이루어지는 스파이 활동이 소설의 플롯을 지배하기는 하지만 소설의 주제를 지배하는 것은 제목이 말하듯 두 갈래로 갈라지는 오솔길들이 있는 정원이다. 「두 갈래로 갈라지는 오솔길들이 있는 정원」[2]에는 말 그대로 두 갈래로 갈라지는 오솔길들이 이어지는 정원이 배경 중 하나로 등장한다. 정원 속 오솔길을 걷다 보면 길이 두 갈래로 갈라지는데 그 두 갈래 중 하나를 선택하여 계속 걷다 보면 길이 또 두 갈래로 갈라지고, 그 두 갈래 중 하나를 선택하여 계속 걷다 보면 길이 또 두 갈래로 갈라지는 일이 반복된다.

이렇게 독특한 구조를 갖춘 정원을 소재로 보르헤스가 무슨 이야기를 하려고 했는지를 포착하기는 쉽다. 보르헤스 스스로 이 작품의 주제를 명시한다. 소설 속에서 앨버트는 유춘에게 유춘의 증조부인 추이펀이 쓴 "『두 갈래로 갈라지는 오솔길들이 있는 정원』은 거대한 수수께끼이거나 비유이며, 그 주제는 시간입니다"(125쪽)라고 말한다. (보르헤스가 쓴 이 단편 소설의 이름도 '두 갈래로 갈라지는 오솔길들이 있는 정원'이고, 이 소설의 주인공인 유춘의 증조부인 추이펀

---

2   한국어 번역본에 쓰인 "두 갈래로 갈라지는 오솔길들의 정원"은 한국어 표현으로 적절하지 않다. '두 갈래로 갈라지는 오솔길들이 이어지는 정원', '두 갈래로 갈라지는 오솔길들이 있는 정원', '두 갈래로 갈라지는 오솔길들로 이루어진 정원' 등이 적절하며, 번역본의 선택처럼 영어 'of'나 스페인어 'de'를 무조건 '-의'로 번역하는 습관은 당장 폐기할 필요가 있다. '-의 정원'은 '루이 14세의 정원'이나 '서울 광장의 정원'처럼 정원의 소유주나 정원이 있는 장소에 적절한 표현이다.

이 쓴 소설의 이름도 '두 갈래로 갈라지는 오솔길들이 있는 정원'이다.)[3] 이렇듯 보르헤스 자신이 이 작품의 주제가 시간이라고 말하니 우리로서는 별다른 의심 없이 그 점을 받아들이면 될 것 같다.

하지만 꼭 그렇지만은 않다. 조금 전에 인용한 대목의 바로 앞에서 앨버트는 유춘에게 묻는다. "해답이 체스[4]인 수수께끼에서 사용되어서는 안 될 유일한 단어가 어떤 것이지요?" 이에 유춘은 이렇게 답한다. "체스라는 단어지요."(125쪽) '체스'가 답인 물음에 '체스'가 들어가서는 안 된다면, 「두 갈래로 갈라지는 오솔길들이 있는 정원」의 주제가 시간일 수는 없다. 보르헤스의 논리를 따를 때, 시간이 주제인 소설에 '시간'이라는 단어가 등장할 리는 없기 때문이다.

따라서 이 소설을 읽는 방식 역시 '두 갈래로 갈라지는' 방식을 택할 수밖에 없다. 시간을 중심으로 하는 독해가 한 갈래 길이고, 시간이 아닌 무언가를 중심으로 하는 독해가 다른 갈래 길이다. 하지만 놀랍게도 이 둘은 영원히 두 갈래로 갈라지다가 멀어지지 않는다. "갈림길이 나올 때마다 왼쪽으로 돌면 절대로 길을 잃어버리지 않을"(116쪽) 것이고 "언젠가 그 미로의 길들이 모이게"(123쪽) 된다는 말처럼, 어떤 주제를 잡든 그쪽으로만 계속 가다 보면 미로에서 길을 잃지 않고

---

3 혼란을 막고자 보르헤스의 작품은 홑낫표를 활용하여 '「두 갈래로 갈라지는 오솔길들이 있는 정원」'으로, 「두 갈래로 갈라지는 오솔길들이 있는 정원」 속 등장인물인 추이펀의 작품은 겹낫표를 활용하여 '『두 갈래로 갈라지는 오솔길들이 있는 정원』'으로 표기한다.
4 원문의 'ajedrez'는 동양의 '장기'가 아니라 서양의 '체스'이다. 한국어 번역본에는 '장기'로 되어 있다.

밖으로 나갈 수 있다. 즉, 이 두 주제가 각각 여는 길은 끝내 한데로 수렴한다.

먼저, 시간을 중심으로 하는 길로 나아가 보자. 이 소설에 대한 기존의 해설 대부분이 채택하는 길이다. 유춘의 증조부인 추이펀은 생의 말년에 "어지러운 원고 뭉치"(120쪽)를 남기고 세상을 떠난다. 세상과 단절하는 동안 집필된 그 원고에 대하여 유춘을 비롯한 많은 이가 혹평을 남긴다. 그도 그럴 만한 것이, 동일한 소설의 3장에서 주인공이 죽었는데 4장에서는 살아 있다면 그렇게 개연성이 부족한 작품을 높게 평가할 이유는 없겠다.(120쪽)

중국학 연구자인 앨버트는 추이펀의 소설, 『두 갈래로 갈라지는 오솔길들이 있는 정원』의 진가를 알아본다. 이 소설은 그 누구도 구상하거나 실행한 적이 없는 과감한 지적 시도의 산물이라는 것이다. 추이펀은 은퇴한 후 두 가지 일을 하겠다고 말했는데, 하나는 책을 쓰는 것이고 다른 하나는 미로를 만드는 것이다. 모든 이가 추이펀이 하려는 일이 두 개라고 생각했다. 이 생각에 따르면, 『두 갈래로 갈라지는 오솔길들이 있는 정원』이 전자이고, 얽히고설킨 길들이 있는 추이펀의 정원이 후자이다. 그리고 이 두 작업은 공히 실패로 간주된다. 추이펀의 소설은 개연성이 부족하며, 추이펀의 정원은 길이 좀 복잡할 뿐 미로는 아니기 때문이다.

앨버트는 추이펀이 하려는 일이 두 개가 아님을 포착한다. 책을 쓰는 일과 미로를 만드는 일이 같은 작업이었다는, 즉 그가 쓴 책이 곧 미로였다는 추이펀의 진의를 앨버트는 간파한다. 이제 앨버트는 추이펀이 "무한한 미로를 세우고자 했다는 흥미로운 전설"(121쪽)에 의거해 "한 권의 책이 무한한 책으로 화할 수 있는 방법이 어떤 것인지 생각"(121쪽)했다고 말한다. 이 표현은 세 단계로 나뉘어 이해되어야 한다. 첫째, 한 권의 책을 왜 무한한 책으로 만들려고 하는가? 둘째, 무한한 책이 왜 필요한가? 셋째, 애초에 책이 왜 있어야 하는가? 뒤에서부터 하나씩 답해보자.

우선, 많은 경우 책은 세계를 기술하는 것을 목적으로 삼는다. 소설의 서두에 등장하는 리델 하트의 『유럽 전쟁사』는 말 그대로 유럽에서 일어났던 여러 전쟁을 가능한 한 있는 그대로 기술하고자 하는 역사서이다. 책은 세계 속 사실 내지 사태를 담고 있고, 이 덕분에 우리는 책을 통해 세계를 읽을 수 있다. 그런데 문제는 세계가 무한히 풍성하다는 데 있다. 세계가 무한히 풍성하다는 것은 단순히 세계 속 사태가 대단히 많다는 것을 의미하지 않는다. 실현된 사태뿐 아니라 실현되지 않은 사태도 문자 그대로 사태임을 의미한다. 실현되지 않은 사태가 무한히 많기에 세계는 무한히 풍성하다. 예컨대 보르헤스가 소설가인 사태는 실제로 일어난 사태이지만 그가 소설가가 아니라 연주자인 사태, 축구선수인 사태, 그래픽 디자이너인 사태 역시 실제로 일어나지 않았을 뿐 가능한 사태로서 성립한다. 이렇듯 무한한 사태를 모두 담으려면 무한한 책이 필요하다. 하지만 유한한 존재자인 인간에게 무한한 책은 허용되지 않는다. 앨버트가 (그리고 추이펀이) 어떻게든 "한 권의 책이 무한한 책으로 화할 수 있는 방법"을 찾고자 하는 이유가 이것이다.

여기서 중요한 것은 사태가 (그 역시!) 두 갈래로 나뉜다는 데 있다. 하나는 실현된 사태이고, 다른 하나는 실현되지 않은 사태이다. 시간이 흘러가면서 세계가 전개되는 가능한 방식은 매 순간 적어도 두 가지가 있다. 그리고 하나를 택하면 그 선택으로부터 이어지는 다른 갈림길이 계속 나타난다. 이때 선택되지 않은 길 역시 길이라는 것이, 그리고 그 길 역시 다음 갈림길을 선택해야 하는 또 다른 갈림길로 계속 이어지리라는 것이 보르헤스의 생각이다. 이 점을 포착했기에 추이펀은 3장에서는 주인공이 죽었지만 4장에서는 주인공이 살아 있는 소설을 쓸 수밖에 없었던 것이다.『두 갈래로 갈라지는 오솔길들이 있는 정원』은 개연성이 부족한 소설이 아니라 실현된 사태와 실현되지 않은 사태를 모두 서술하여 세계의 무한성을 어떻게든 담아보려고 한 과감한 시도이다.

책을 쓰는 일과 미로를 만드는 일 사이에는 어떠한 공통점이 있는가? 미로에는 수많은 길이 이미 담겨 있고, 이 수많은 길은 무한한 세계가 시간의 흐름과 함께 전개되는 모습을 반영한다.[5] 미로 속 무한한 수의 길들은 세계가 전개되는 가능한 모든 방식을 상징한다. 그렇기에 추이펀이 만든, 상아를 재료로 하는 미로는 "상아로 만든 미로"라기보다는 "상징들의 미로"인 것이다.(120쪽) 가능한 모든 길을 담고 있다는 점에서 미로는 무한성의 상징이고, 그렇게 무한한 사태를 담으려고 했다는 점에서 추이펀의『두 갈래로 갈라지는 오솔길들이 있는 정원』은 곧 미로이다.

---

[5] 가능한 모든 길을 담고 있다는 점에서 보자면 '끝없는 미로=무한한 책=무한한 세계'이다. 세계 밖에는 아무것도 없기에, 우리 자신, 삶의 여정, 가능한 모든 사태는 세계 안에 갇혀 있다. 미로로 기능하는 책의 저자인 추이펀의 알파벳 표기가 'Ts'ui Pen'이라는 것은 우연이 아니다. 'Pen'은 책을 쓰는 펜pen이자 미로 속에 사람 등을 가두는pen 수단이기도 하다.

이 모든 이야기는 시간이라는 주제와 어떻게 연결되는가? 길이 두 갈래로 갈라지는 데 요구되는 것은 무엇인가? 시간의 흐름이 요구된다고, 시간이 흘러가면서 길이 두 갈래로 갈라진다고 하는 답변이 먼저 떠오를 것이다. 하지만 보르헤스는 달리 이야기한다. 시간은 길이 두 갈래로 갈라지는 데 선행하는 조건이 아니라 길이 두 갈래로 갈라지면서 후행적으로 만들어지는 산물이다. "(…) 추이펀의 소설 속에서 작중 인물은 모든 것을 ─ 동시에 ─ 선택합니다. 그렇게 그는 몇 개의 미래들, 즉 몇 개의 시간들을 '창조하고', 그것들은 증식하면서 두 갈래로 갈라집니다"(122쪽)라는 앨버트의 말은 시간이 흘러가면서 길이 갈라지는 것이 아님을, 우리가 선택지를 고르면 그때 길이 갈라지고 그렇게 갈라지면서 시간이 생성된다는 점을 보인다.

이것이 보르헤스의 「두 갈래로 갈라지는 오솔길들이 있는 정원」을 읽는 하나의 방식이다. 「두 갈래로 갈라지는 오솔길들이 있는 정원」은 『두 갈래로 갈라지는 오솔길들이 있는 정원』을 통해 세계가 우리의 선택을 통해 전개된다는 것을, 세계가 전개되면서 시간이 생성된다는 것을, 그리고 그 모든 길에서 전개되는 사태는 ─ 실현된 것이든 실현되지 않은 것이든 ─ 모두 사태로서 성립한다는 점을 피력한다. 우리는 보통 반대로 생각한다. 세계의 전개 속에서 선택지가 주어지고, 시간은 우리에게 무언가를 고를 것을 재촉하고, 내가 고르지 않은 선택지에서 이어지는 사태는 존재하지 않는다고 생각한다. 이렇게 이해하는 사람은 세계의 무한성을 볼 수 없고, 여기서 벗어나지 못하는 사람에게 미로는, 아니, 책은 필요하지 않다.

" 독법 2 "

「두 갈래로 갈라지는 오솔길들이 있는 정원」을 읽는 방식이 또 있다. 앞서 말했듯 이 소설을 읽는 방식은 '두 갈래로 갈라'진다. 이제 시간이 아닌 다른 것을 중심으로 설명하려고 한다. 시간이 아닌 다른 것을 중심으로 이 작품을 읽는 시도는 대단히 정당한데, 보르헤스가 쓴 「두 갈래로 갈라지는 오솔길들이 있는 정원」과 추이펀이 쓴 『두 갈래로 갈라지는 오솔길들이 있는 정원』은 다른 작품이고, 따라서 두 작품이 주제를 공유할 이유는 없기 때문이다. 앨버트가 말하듯 『두 갈래로 갈라지는 오솔길들이 있는 정원』에서는 '시간'이라는 단어가 등장하지 않는다. 시간이 주제이기 때문이다. 그러나 우리가 직접 읽을 수 있는 「두 갈래로 갈라지는 오솔길들이 있는 정원」에서는 '시간'이라는 단어가 등장한다.[6] 이는 「두 갈래로 갈라지는 오솔길들이 있는 정원」의 주제가 시간 외의 다른 것임을, 그리고 두 작품이 다른 작품임을 암시한다(그렇기에 해설 1은 보르헤스의 작품에 대한 해설이라기보다는, 추이펀의 작품에 대한 앨버트의 해석을 해설한 것에 가깝다).

그 다른 주제란 무엇인가? 나는 '가능하지만 실현되지 않은 사태'를 다른 주제로 제안한다. 생뚱맞지만 1990년대 초반에 방영되었던 한 TV 프로그램을 소개하겠다. 〈이휘재의 인생극

---

[6] 다른 차이도 있다. 보르헤스가 쓴 「두 갈래로 갈라지는 오솔길들이 있는 정원」 속 정원은 앨버트 소유의 물리적 정원이나, 추이펀이 쓴 『두 갈래로 갈라지는 오솔길들이 있는 정원』 속 정원은 실제로는 책이다. 물론 「두 갈래로 갈라지는 오솔길들이 있는 정원」 자체는 책이다.

장〉이라는 프로그램에서 이휘재는 선택의 기로에 놓인다. 한 에피소드에서 그는 주머니에 딱 500원이 있는데, 그 돈으로 차비가 없어 곤란해하는 할머니를 도울지 아니면 그 돈으로 복권을 살지를 고민하는 상황에 놓인다. 각 선택지에 따라 삶의 경로가 어떻게 이어지는지가 하나씩 소개된다.

어떤 선택지가 도덕적으로 올바르거나 경제적으로 이득인지는 중요하지 않다. 중요한 것은 시청자가 두 가지 선택에 따른 삶의 경로를 마치 정말로 일어난 사태인 양 받아들인다는 데 있다. 두 갈래로 갈라지는 그 두 사태는 실제로는 일어나지 않았다. 가능한 사태이지만 결국 허구일 뿐이다. 그런데 가능하지만 실현되지 않은 사태를 그것이 실현되지 않았다는 이유로, 허구라는 이유로 폄하하는 일이 가능한가? (여기서부터 나는 '실현되지 않은 사태'와 '허구'를 상호 교체 가능한 용어로 느슨하게 사용한다.) 허구가 존재하지 않는다면 우리는 어떻게 하여 〈이휘재의 인생극장〉을 보고 울고 웃으며, 허구 인물이 등장하는 소설이나 영화에서 무언가를 배울 수 있는가? 심지어 우리는 '그때 그 사람을 놓쳐서는 안 됐어'라고 후회하면서, 그 사람과 함께했을 때 살았을 법한 가능하지만 실현되지 않은 삶을 현재의 실현된 불만족스러운 삶과 비교하지 않는가?

이렇게 보면 실현된 사태와 실현되지 않은 사태 사이에는, 현실과 허구 사이에는 큰 차이가 없는 것 같다. 우리는 우리 앞에 실제로 펼쳐진 이 사태가 전부가 아님을 알게 된다. 마찬가지로 유춘은 "그런 다음 내 머릿속에는 모든 일이 바로 한 사람에게, 바로 이 순간에 일어나고 있다는 생각이 스쳤다. 태곳적부터 언제나 일어나는 일들, 그런 일들은 오로지 현재에 일어난다"(111쪽)고 느낀다. 실현되지 않은 사태가 실현된 사태만큼이나 존재한다는 것은 이런 것이다. 예컨대 당신은 지금 수학 문제를 풀고 있고, 이것은 실현된 사태 내지 현실이다. 그러나 당신은 지금 음악을 듣고 싶어 한다. 당신이 음악을 듣고 있는 사태는 실현되지 않은 사태 내지 허구이다. 현실은 당신이 원하지 않는 상태로 존재하고, 허구는 당신이 원하는 상태로 존재한다. 이 때문에 당신은 삶에서 불만족을 느낀다. 허구가 존재하지 않는다면 어떻게 불만족을 느낄 수 있겠는가? 세계의 상태는 물론이고 우리의 삶 자체가 여러 상태의 공존으로 이루어져 있다.

「두 갈래로 갈라지는 오솔길들이 있는 정원」에 모순적 상황이 여럿 등장하는 것은 이러한 연유에서이다. 유춘은 죽음을 두려워하면서도 자신이 죽게 될 것을 대수롭지 않게 생각한다. 자신을 죽이려는 매든을 따돌려서 다행이라고 생각하면서도 밧줄, 즉 교수형을 간절히 기다린다.(127쪽) 매든이 근처에 왔을까 봐 조심하면서도 "도망쳐야겠어"(112쪽)라고 큰 소리로 외친다. 앨버트는 유춘에게 "정말로 일어났을지도 모르는 과거에 당신은 나의 적이고, 또 다른 과거에는 저의 친구입니다"(123쪽)라고도, "그 미래들 중의 하나에서 저는 당신의 적입니다"(126~127쪽)라고도 말한다. 앨버트를 죽이기 직전 유춘은 "미래는 이미 존재합니다. 그렇지만 저는 당신의 친구입니다"(127쪽)라고 말한다. 이렇게 모순적인 상황이 묘사되는 것은 실현된 사태와 실현되지 않은 사태가 모두 일종의 길이기 때문이다. 그리고 이 길들이 모두 모여 세계를 형성한다.

허구가 현실과 동등한 지위에서 세계를 형성한다는 말이 수사로만 들릴지 모르겠다. 그런데 보르헤스의 소설 자체를 들여다보면 그 말이 수사에 그치지 않음을 알 수 있다. 이 소설은 리델 하트의 『유럽 전쟁사』를 언급하면서 시작한다. 리델 하트와 『유럽 전쟁사』는 각기 실제로 존재하는 인물과 도서이다.[7] 「두 갈래로 갈라지는 오솔길들이 있는 정원」에 따르면 그 책의 242쪽에는 영국군의 공격이 1916년 7월 29일로 연기되었다는 사실이 담겨 있다고 한다. 그런데 그 전투가 연기된 것은 사실이나, 그 날짜는 7월 29일이 아니라 7월 1일이다. 소설의 첫 단락부터 현실과 허구가 섞여 있다는 말이다. 이때 바람직한 질문은 '보르헤스는 왜 현실과 허구를 섞는가?'가 아니라 '현실과 허구는 왜 이렇게 매끄럽게 섞이는가?'이다. 후자에 대한 답변은 간단명료하다. 둘 사이에는 별 차이가 없기 때문이다.

물론 현실에서 우리가 존재하는 방식은 하나이다. 그러나 가능하지만 실현되지 않은 사태를 떠올리는 순간 우리는 여러 방식으로 동시에 존재한다. 소설 속 등장인물의 삶은 허구이다. 그러나 이 허구를 실현되지 않았을 뿐 가능한 사태로 받아들이는 순간 그 등장인물의 삶 역시 어떤 의미에서 존재한다. 이 점을 아는 이에게는 자신의 삶과 이 세계 전체가 모순으로 가득할 수밖에 없다. 두 갈래로 갈라지는 길들에서 또 갈라지고 또 갈라지는 모든 가능한 사태가 자신의 삶과 세계를 형성하니 세계는 늘 이러하면서 이러하지 않고, 저러하면서

---

7   바실 헨리 리델 하트Basil Henry Liddell Hart는 영국의 군인, 군사역사학자, 군사이론가이다. 그의 저서인 『제1차 세계대전사A History of the First World War』와 『무장한 유럽Europe in Arms』 중 하나를 보르헤스가 『유럽 전쟁사』로 살짝 바꾸어 쓴 듯하다.

저러하지 않다. 그렇기에 산다는 것은, 존재한다는 것은 모순 그 자체이다.[8] 무고한 앨버트를 총으로 쏘는 유춘이 미래의 어느 한 사태에서는 그의 친구라고—"미래는 이미 존재합니다. 그렇지만 저는 당신의 친구입니다"(127쪽)—말하는 것처럼 말이다.

미로는 우리에게 무엇을 선사하는가? 미로는 우리를 헤매게 한다. 「아베로에스의 모색」에서 오역을 저지르지 않는 이는 번역을 잘하는 이가 아니라 애초에 번역을 시도하지 않는 이인 것처럼, 미로에 들어가지 않는 이는 애초에 헤맬 일 자체가 없다. 그러나 헤매는 일은, 즉 수많은 가능하지만 실현되지 않은 사태를 모두 수용하는 일은 자신의 현재 존재 양상이 수많은 존재 양상 중 하나일 뿐임을 인지하는 일과 같다. 나는 지금 이렇게 존재하는 동시에 이렇게 존재하지 않는다는 모순을 수용한다. 그리고 그 모순 속에서 또다시 두 갈래로 갈라지는 길을 만났을 때 두려워하지 않고 스스로 결정한다. 그 결정은 세계의 전개를, 시간의 생성을 가능하게 하는 중대한 결정이다.

미로 속에서 헤매는 것은 시간 낭비가 아니다. (그것은 잘 이해되지 않는 보르헤스의 「두 갈래로 갈라지는 오솔길들이 있는 정원」을 반복하여 읽는 것이 시간 낭비가 아닌 것과 매한가지이다.) 이제 우리는 동시적으로 성립하는 수많은

---

8 앨버트가 거주하는 곳의 이름이 '애시그로브Ashgrove'인 것은 우연이 아니다.(114쪽) 'ash'는 다 타버린 재를 의미하고, 'grove'는 푸르디 푸른 수풀을 의미한다. 존재한다는 것 자체가 살아 있으면서 죽어 있는 것이고, 행복하면서 불행한 것이다.

사태 속에서 무언가가 "득실댐"(127쪽)을 느낄 것이다. 자신이 선택한 길을 돌아보며 "끝없이 참회"(128쪽)할 수도 있을 것이다. 별수 없다. 세계의 무한함에서 빚어지는 모순을 그대로 기록한 추이펀의 『두 갈래로 갈라지는 오솔길들이 있는 정원』이 "어지러운 원고 뭉치"로 폄하되는 것처럼, 두 갈래로 갈라지는 오솔길을 끝없이 걷는 우리의 삶도 "어지러운 원고 뭉치"일 수밖에 없다.[9](120쪽)

---

9   "나는 [우리의 목숨을] 대수롭지 않게 생각했다(아니, 그렇게 생각하지 않을 수 없었다.)"(111쪽)라는 문장은 '그때 나에게 [우리의 목숨은] 대수롭지 않았다. 아니, 대수롭지 않았어야만 했다'로 번역되어야 한다. 원문에는 이탤릭체를 통해 강조되어 있기에 괄호가 아니라 굵은 서체로 표시되어야 하며, 'debía parecérmelo', 즉 'should have seemed for me'는 '-했어야 했는데 그렇지 못했다'라는 의무와 후회로 읽혀야 한다, 그래야 앨버트를 죽이고 자신의 목숨을 보전한 유춘의 "참회"(128쪽)를 설명할 수 있다.

" 확장 "

첫 번째 확장

두 갈래로 갈라지는 오솔길에서 내가 내렸던 선택은 세계의 전개와 시간의 생성을 가능하게 한다. 살면서 내렸던 수많은 결정 중에서 무엇이 가장 결정적이었는가? 그때 선택하지 않은 길에서 있었을 법한 사태를 수용하면서 나는 어떠한 모순적 상황에 처하게 되는가?

예)
- 나의 결정: 특정 종교에 대한 신앙을 버리고 무신론자가 되기로 결정했다.
- 모순적 상황: 절대적인 신의 보장 및 안정적인 세계관을 포기하는 바람에 때로는 불안하면서도, 그 불안이 선사하는 자유로움에서 즐거움을 느낀다.

- 나의 결정: _____

- 모순적 상황: _____

두 번째 확장

나에게 미로로 다가왔던 책에는 무엇이 있는가? 믿고 있던 것을 믿지 못하게 하고, 현재의 존재 방식이 유일하지 않음을 알려주었던 책을 이야기해 보자.

예)
- 나에게 미로였던 책: 샐리 해스랭어의 『"그치만 엄마, 배꼽티는 진짜 예쁘잖아요!"』
- 그 책이 준 '헤맴': 여성이 자신에게 가해지는 문화적 코드를 따르는 것도 문제이고, 따르지 않는 것도 문제임을, 따라서 이것은 여성 개인의 선택으로 해결될 수 있는 문제가 아니라 통째로 해소되어야 하는 딜레마임을 알려주었다.

- 나에게 미로였던 책: _____

- 그 책이 준 '헤맴': _____

" 심화 질문 "

 가능하고 실현된 사태와 가능하지만 실현되지 않은 사태가 공히 동등한 사태로 성립한다고 하자. 그렇다면 보르헤스가 지금 살아 있으면서 죽어 있는가? 엄밀한 의미에서 그렇지는 않을 것이다. 그는 1986년도에 사망했다. 보르헤스가 사망한 사태도 존재하고, 그가 사망하지 않은 사태도 존재하고, 셜록 홈스가 다치는 사태도 존재하고, 셜록 홈스가 다치지 않는 사태도 존재한다면, 도대체 존재하지 않는 것이 무엇인가? '존재함'을 이렇게 넓은 의미로 사용하는 데에는 아무런 문제도 없는가?

여섯 번째 우물

불확실성을 떠안기

―「바빌로니아의 복권」
La lotería en Babilonia

호르헤 루이스 보르헤스, 「바빌로니아의 복권」,
『픽션들』, 송병선 옮김(민음사, 2011), 77~87쪽.

" 작품 요약 "

바빌로니아에서는 복권 추첨이 이루어진다. 맨 처음, 추첨은 환한 대낮에 이루어졌고 추첨으로 뽑힌 사람은 은으로 주조된 동전을 받았다. 하지만 적당한 확률로 적당한 보상만을 주는 이 복권은 인기를 끌지 못했다. 그러한 복권에는 아무런 도덕적 덕목도 없었기에 복권 〈회사〉는 벌금을 내는 등의 벌칙을 받게 되는 불운의 숫자를 도입한다. 새로운 복권은 사람들을 자극했고, 불운의 숫자가 늘어나고 내용도 바뀌면서 모든 바빌로니아 사람이 복권을 하는 지경에 이른다. 시간이 지나며 복권에 대한 보상으로 돈을 받는 일은 폐지되며, 추첨은 신의 미로 속에서 예순 번의 밤 동안 실시된다. 그에 이어 복권은 세계 전체에 우연성을 강화하는 방식으로 바뀌어 무시무시한 결과를 낳는데, 이 모든 것이 〈회사〉의 계획인지는 분명하지 않다.

" 독법 1 "

 현실 세계에도 복권이 있다. 소설 속 바빌로니아에도 복권이 있다. 두 세계의 복권 사이에는 공통점이 있으니, 그것은 복권 당첨 여부가 사람들의 삶에 영향을 미친다는 점이다. 두 세계에서 복권 제도가 성공적으로 운영된다는 점은 사람들이 자신의 삶에 불만족을 느낀다는 점을, 복권을 통해 삶의 변화를 꾀한다는 점을 방증한다. 그러나 구체적으로 어떠한 변화를 꾀하는지는 다르다. 현실 세계 속 사람들이 복권을 통해 큰돈을 얻기를 소망하는 것과 달리, 소설 속 바빌로니아 사람들은 복권을 통해 큰돈이 아닌 다른 무언가를 소망한다.

 소설 속 복권 제도의 변화를 따라가 보자. 맨 처음 복권 제도는 현실 세계의 복권 제도와 별 차이가 없었다. 복권에 당첨된 사람에게는 은으로 주조된 동전이 주어졌으며, 이와 같은 금전적 보상은 사람들로 하여금 복권을 구매하게 하는 동력이었다. 그런데 이 복권 제도는 놀랍게도 — 보르헤스의 표현을 빌리자면 "당연하게도"(79쪽) — 실패했다. 거기에는 어떠한 "도덕적 덕목[1]"(79쪽)도 없었기 때문이다. 복권에서 도덕적 덕목을 찾는 것은 무언가 이상하다. 우리는 로또를 구매하면서 당첨금을 기대하지, 정의나 인내 등을 기대하지는 않기 때문이다('1등 당첨자에게는 인내를 드립니다!'). 이렇게

1　원문은 'virtud moral'이다. 'virtud'는 '가치'가 아니라 '덕' 내지 '덕목'이고, 용기, 우정, 인내, 절제, 정의처럼 올바른 삶에 기여하는 덕목이 도덕적 덕목에 해당한다. 다시 말해, 도덕적 덕목이란 우리가 더 나은 삶을 살게 하는 데 기여하는 성품이다.

보니 소설 속 복권은 추첨을 통해 당첨자를 뽑는다는 점에서만 현실 세계의 복권과 유사할 뿐 그 보상과 효과의 측면에서는 사뭇 다르다. 바빌로니아의 복권은 부의 축적[2]이 아니라 다른 무언가를 세계에 도입한다.

도덕적 덕목이 없어 실패했으니 도덕적 덕목을 부여하는 방식으로 복권 제도를 개선할 필요가 있다. 이것이 소설 속 복권 제도의 두 번째 단계이다. 어떻게 해야 복권에 도덕적 덕목을 부여할 수 있을까? 그 방법으로는 불운의 숫자를 몇 개 넣는 것이 제안된다.(79쪽) 한 마디로 일종의 '꽝'이 생긴 것이다. 행운의 숫자가 담긴 복권에 당첨된 사람은 예전처럼 당첨금을 받고, 불운의 숫자가 담긴 '꽝'에 당첨된 사람은 벌금을 물게 되었다. 벌금은 이후 구류로 바뀌고, 불운의 숫자가 담긴 복권의 비율은 점점 늘어난다.

벌금을 내거나 구류를 부과하는 복권이 늘어났다면, 그러한 복권 제도에 대한 저항이나 비판이 일어나리라고 예상하게 된다. 그러나 바빌로니아 사람의 반응은 그와 반대였다. 그들은 복권에 흠뻑 빠져 복권을 사지 않는 사람을 경멸하기 시작한다. 벌금이 사라지고 구류만이 불운의 숫자에 대한 처벌로 결정되자, 이 비금전적인 복권에 열광하면서 불운의 숫자를 늘려달라고 요청하기까지 한다.

아무런 개연성도 없는 듯한 이 모든 이야기가 무엇을 의미하는지를 포착하기란 쉽지 않다. 「바빌로니아의 복권」의 주제를

---

[2] 부를 선사하는, 소설 속에서는 은으로 주조된 동전을 받게 하는 복권을 보르헤스는 '《loterías》'라고 쓴다. 이렇게 겹화살괄호를 사용한 것은 금전적 보상을 주는 복권은 진정한 '복권'이 아님을 암시한다.

포착하는 데 도움이 되는 구절이 하나 있으니, 그것은 바로 "그토록 달콤한 불확실성"[3](81쪽)이라는 표현이다. 불확실성은 왜 달콤한가? 확실한 것은 결정된 것이고, 무언가가 결정되었다는 말은 자유를 박탈당했다는 말과 같기 때문이다. (오늘 점심 메뉴가 제육볶음이라는 점이 확실하다면 나에게는 점심 메뉴를 고를 자유가 없다.) 복권이 우리에게 선사하는 불확실성은 자유의 다른 모습이다. 복권의 기능이 세계에 불확실성과 우연을 도입함으로써 인간에게 자유를 부여하는 데 있음은 보르헤스가 직접 친절하게 언급하기도 한다. "복권은 세계의 질서 속에 우연을 집어넣는 것이고, 착오[4]를 받아들이는 것은 우연을 반박하는 것이 아니라 오히려 그것을 강조하는 것이다."(83쪽)

자유를 가진 존재자의 행동은 예측불허이다. 이것을 할 것 같다가도 저것을 하고, 어제는 이렇게 행동했으면서도 오늘은 저렇게 행동한다. 자유로운 존재자들이 거주하는 세계는 결코 코스모스일 수 없다. 그곳은 1초 앞도 예측할 수 없는 카오스의 세계이다. 하지만 다시 한번 말하되, 불확실한 것이 있기에 자유가 성립할 수 있다. 그렇기에 바빌로니아

---

[3] "성직자 계층이 판돈을 늘리고는 변화무쌍한 온갖 공포와 희망을 즐겼던 것이다"(81쪽)라는 표현도 일맥상통한다.

[4] 한국어 판본에는 "실수"로 번역되어 있는데 '실수'라기보다는 '착오'나 '오류'에 가깝다. 원문은 'error'이고, "다마스쿠스에서 만든 포도주 열두 항아리를 산 사람은 그중의 하나에 부적이나 뱀이 들어 있다고 해도 놀라지 않을 것이다"(86쪽)가 'error'의 사례이다. 포도주 항아리 안에 부적이 들어 있는 것은 누군가의 '실수'이겠지만, 그러한 실수가 일으키는 효과는 '오류'이며 오류는 우연 ─ 이렇게 존재하거나 이러할 수도, 저렇게 존재하거나 저러할 수도 있음 ─ 과 일맥상통한다.

사람들은 복권 제도가 산출하는 불확실성이 커지면 커질수록 그에 열광하고, 서민이든 부자든 모두 복권 제도에 참여할 수 있어야 한다고 요구하는 것이다. 바빌로니아의 복권 제도는 인간의 "희망만 겨냥"(79쪽)하지 않는다. 자유라고 하는 인간의 능력에 호소한다. 평소에는 제대로 의식하지 못할, 아니 발휘하지 못할 이러한 능력을 인간에게 일깨워주기에 복권을 운영하는 주체인 〈회사〉는 "자애로운"(86쪽) 곳이다.[5]

이제 우리는 '꽝'이 생기면서 어떻게 복권에 도덕적 덕목이 생기게 되었는지를 알 수 있다. 금전적 보상을 넘어, 설령 처벌의 형태일지언정 우리 삶에 예상치 못했던 실질적인 변화를 꾀하게 한다는 점에서 복권은 불확실성을 세계에 도입한다. 대칭을 좋아하는 바빌로니아 사람에게 "행운의 숫자들은 돈으로 계산되고, 불운의 숫자들은 구금 날짜로 계산된다는 것은 앞뒤가 맞지 않는 일"(80~81쪽)이다. 대칭을 맞추려면 무엇이 바뀌어야 하는가? 불운의 숫자가 우리에게 구속을 선사한다면 행운의 숫자는 돈이 아니라 자유를 선사해야만 한다. 불확실성을 수반하는 자유만이 우리에게 행복을 선사한다. 행복을 이렇게 받아들이는 것은 "필연적인 역사의 단계인 새로운 질서"(81쪽)이며, 이를 거부할 방도는 없다. 이것이 복권 제도

---

[5] 해설의 맥락에서는 조금 벗어나는 이야기인데, 83쪽에서는 "'카프카'라고 불리던 성스러운 화장실"이 언급된다. 이 '카프카'의 원문 철자는 'Kafka'가 아니라 'Qaphqa'이다. 그렇다고 해서 'Qaphqa'가 'Kafka'가 아닌 것은 아니다. 이슬람 철학에 대한 관심과 카프카에 대한 존경을 유머러스하게 결합한 표현으로 간주하면 될 것 같다. 그리고 'Qaphqa'가 "성스러운 화장실"의 이름이라고 할 때 방점은 '화장실'이 아니라 '성스러운'에 찍혀야 한다. 보르헤스는 카프카에 대한 존경심을 여러 차례 표한 바 있다.

의 "개선"(79쪽)이다.

" 독법 2 "

인간에게 자유가 허용되었으니 모든 것이 마무리되었을까? 그렇지 않다. 자유의 본성과 관련한 물음이 남아 있다. 바빌로니아에서 복권 제도를 운영하는 〈회사〉가 도대체 어떤 곳인지를 묻는 것이 이 물음에 답하는 데 도움이 된다.

복권 제도는 세계에 우연과 불확실성을 도입하여 인간에게 자유의 여지를 허락한다. 그러나 복권 제도를 운영하는 〈회사〉의 존재는 복권 제도의 효과와 어울리지 않는다. 복권 제도를 총괄한다는 점에서 〈회사〉는 우연성을 관장하는 곳일 텐데, 그러면 이 우연성은 진짜 우연성이 아니라 〈회사〉가 인위적으로 통제하는 가짜 우연성이겠다. 따라서 논의는 복권 제도의 효과가 무엇인지가 아니라 〈회사〉의 정체가 무엇인지로 이어진다.

〈회사〉는 누구 또는 무엇을 의미할까? 언제나 그렇듯 보르헤스는 본문에 실마리를 남겨둔다. "'회사'는 신처럼 겸손하게 공개적인 것은 모두 피한다"(86쪽)라는 문장은 〈회사〉와 신이 특정한 속성을 공유한다는 점을, 〈회사〉가 곧 신임을, 설령 〈회사〉가 우리가 생각하는 신과 다를지언정 그것이 행하는 일 자체는 신의 일과 다르지 않음을 함의한다. 여기서 먼저 말해두어야 할 것은 신이 실제로 존재하는지의 여부는 전혀 중요하지 않다는 점이다. "그런 그늘에 숨은 회사의 실재를 긍정하건 부정하건 아무런 차이가 없다."(87쪽)

절대적인 위력을 행사하는 신이 존재하든 말든 차이가 없는 이유는 이러하다. 중요한 것은 신의 존재가 아니라 신의 존재와 위력에 대한 인간의 믿음이기 때문이다. 한 명제가 참인 것과 그 명제를 내가 믿는 것 사이에는 필연적인 연관이 없다. 거짓 명제에 대한 믿음은 때로 그것을 믿는 사람들 사이에 변화를 가져온다. '나는 좋은 사람이다'라는 명제가 참이 아닐 수는 있지만, 그 거짓 명제를 믿는 것이 나의 점진적 변화에 기여할 수 있는 것처럼 말이다. 신의 존재 여부는 중요하지 않다. 바빌로니아 사람들이 〈회사〉의 활동, 즉 신이 행하는 바가 무엇인지를 어떻게 믿고 있는지가 중요하다.

신은 무엇을 행하는가? 신은 자신의 섭리를 통해 세계를 관장한다. 신의 섭리를 벗어나는 존재자나 사건이 있을 수 없음을 감안한다면, 신 내지 〈회사〉가 관장하는 이 세계 속에는 법칙적인 것만이 있을 뿐 우연한 것, 예상치 못한 것, 느닷없는 것은 있을 수 없다. 이렇게 보니 「바빌로니아의 복권」은 앞뒤가 맞지 않는다. 복권은 우연을 도입하는데, 우연이란 신이든 〈회사〉든 그 정의상 그 누구도 관리할 수 없는 것이니 말이다. 이 상충을 해결하는 방도는 무엇일까? 신의 법칙이 관장하는 영역을 제한하는 것이 방도가 된다.

신의 법칙이 관장하는 영역이 어느 수준까지인지는 전통 철학, 특히 보르헤스가 「아베로에스의 모색」 등에서 인용하는 중세 이슬람 철학의 핵심 물음 중 하나이다. 「아베로에스의 모색」을 해설한 이 책의 4장에서 일부를 끌어오겠다.

> 알 가잘리는 신이 개체 수준까지의 모든 것을 안다고, 아베로에스는 신이 종種 단위까지만 안다고 주장한다. 개구리 종은 뒷다리가 길고 폴짝 뛸 수 있다. 신이 이 점을 알까? 물론이다. 여기에는 두 사람 사이에 이견이 없다. 자, 이제 개구리 종에 속하는 어떤 개구리 한 마리가 오늘 저녁 6시 32분에 파리 한 마리를 먹었다. 신이 이 점을

알까? 신의 전지전능함을 믿는 알 가잘리는 그렇다고 말하고, 신이 일반 법칙의 수준까지만 안다고 믿는 아베로에스는 아니라고 말한다. 신이 모르는 것이 있다는 주장은 인간만이 확보할 수 있는 지식의 영역을 보장한다.

알 가잘리는 신이 아는 영역을 제한하지 않는다. 신은 보편과 특수의 세계를 공히 알고, 두 영역 모두를 지배한다. 아베로에스는 달리 생각한다. 신은 보편의 세계만 알고, 보편 영역만을 지배한다. 아베로에스와 생각을 같이하는 보르헤스는 신이 관장하는 영역을 제한하여 신이 관장하지 못하는, 그 대신 우연이 적용되는 영역을 보존하고자 한다. 그래야 인간의 자유가 보존되기 때문이다. 아이러니하게도, 자유는 불확실성을 요구하고 불확실성은 〈회사〉에 의해 도입되기에, 인간의 자유가 성립하는 데에는 〈회사〉의 존재가—더 정확히 말하자면 〈회사〉의 존재에 대한 믿음이—결정적으로 요구된다. 그 때문에 〈회사〉는 "종교적이며 형이상학적인 힘까지 지닌 무소불위의 권력을 손에 넣게"(80쪽) 된다. 〈회사〉는 신이다.

여기까지 나는 우리의 자유가 〈회사〉의 복권 운영에 의해서만 성립 가능하기에 〈회사〉의 존재를 믿을 수밖에 없다고, 하지만 우리 자유의 모든 측면이 〈회사〉에 의해 지배되는 것은 아닌 듯하다고 말했다. 이제 자유의 귀결이 무엇인지를 말해보자. 보르헤스가 생각하기에 자유의 귀결은 그리 긍정적이지 않다. 운동화 하나를 살 때에도 몇 개의 선택지 중에서 하나를 선택한 다음 며칠 동안 후회하는 우리의 모습을 보면 자유의 귀결이 과연 긍정적인 것은 아님을 눈치챌 수 있다. 「두 갈래로 갈라지는 오솔길들이 있는 정원」이 실마리를

준다. 「아베로에스의 모색」을 해설한 이 책의 5장에서 일부를 끌어오겠다.

> 중요한 것은 시청자가 두 가지 선택에 따른 삶의 경로를 마치 정말로 일어난 사태인 양 받아들인다는 데 있다. 두 갈래로 갈라지는 그 두 사태는 실제로는 일어나지 않았다. 가능한 사태이지만 결국 허구일 뿐이다. 그런데 가능하지만 실현되지 않은 사태를 그것이 실현되지 않았다는 이유로, 허구라는 이유로 폄하하는 일이 가능한가? (여기서부터 나는 '실현되지 않은 사태'와 '허구'를 상호 교체 가능한 용어로 느슨하게 사용한다.) 허구가 존재하지 않는다면 우리는 어떻게 하여 <이휘재의 인생극장>을 보고 울고 웃으며, 허구 인물이 등장하는 소설이나 영화에서 무언가를 배울 수 있는가? 심지어 우리는 '그때 그 사람을 놓쳐서는 안 됐어'라고 후회하면서, 그 사람과 함께했을 때 살았을 법한 가능하지만 실현되지 않은 삶을 현재의 실현된 불만족스러운 삶과 비교하지 않는가?
> 이렇게 보면 실현된 사태와 실현되지 않은 사태 사이에는, 현실과 허구 사이에는 큰 차이가 없는 것 같다. 우리는 우리 앞에 실제로 펼쳐진 이 사태가 전부가 아님을 알게 된다.

보르헤스의 관점에서는 실현된 사태와 실현되지 않은 사태, 실현된 세계와 실현되지 않은 세계 사이에는 결정적인 차이가 없다. 그리고 두 갈래로 갈라지는 오솔길이 끝없이 이어지면서 그 수가 늘어나듯, 우리가 자신의 자유를 기반으로 갈림길에서 하나를 선택하면서 시간이 흐를수록 실현된 사태와 실현되지 않은 사태의 수는 무한히 늘어난다. 즉, 세계에 불확실성과 우연이 점차 강하게 개입한다. 이제 불확실성은 한 사람의 삶을 바꾸는 데 그치지 않는다. 이 세계 전체를 우연이 지배하는 곳으로 바꾼다. 이것이 바로 "'회사'의 정신과 운영 방식을 뿌리부터 수정"(83쪽)하는 일이자, 이와 같은 "'회사'의 자애로운 영향 아래서 우리들의 관습은 이제 우연으로 가득"(86쪽)하다는 표현의 의미이다.

여기서 '우연azar'은 '예상하지 못한 시점에 느닷없이 생겨남'이 아니라 '이렇게 존재하거나 이러할 수도, 저렇게 존재하거나 저러할 수도 있음'을 의미한다. (예컨대 당신은 지금 이 원고를 읽지 않고 틱톡을 보고 있었을 수 있다. 이 점에서 이 원고를 읽고 있는 사건은 우연적 사건이다.) 복권이 만들어 낸 우연은 우리의 머릿속을 후회와 아쉬움으로 가득하게 한다. 내가 저 운동화가 아니라 이 운동화를 구매한 것은 나의 자유에 의거한 우연적 사건이다. 우연으로 말미암아 이제 세계는 무한한 수로 증식하기 시작한다. 이 운동화를 구매한 실현된 세계뿐 아니라 저 운동화를 구매한 실현되지 않은 세계, 그 실현되지 않은 세계에서 또 증식하는 실현되지 않은 세계가 계속하여 이어진다. 나는 현실의 나로만 존재하지 않는다. 수많은 가능한 나와 현실의 나가 합쳐진 것이 '나'이다. 소설의 서두에 등장하는 "모든 사람이 그랬듯이 나는 총독이었다. 모두가 그랬듯이 나는 노예였다"(77쪽)라는 화자의 진술이 바로 이를 의미한다. 우리는 우연이 만들어내는 수많은 세계를 동시에 살아왔고, 또 살아가고 있다.

복수의 세계가 무한히 증식하는 일은 말 그대로 무한히 이어진다. 무한한 추첨을 하는 데에는 무한한 시간이 요구되기 때문이다.(85쪽) 그렇게 시간이 흐르는 동안 우리는 우연에 시달리게 된다. 매 순간마다 추첨을 통해 내리는 결정 및 그 결정에 따른 삶의 궤적은 대체로 큰 변화를 가져오지 않지만 "가끔씩 그것은 무시무시한 결과를 낳는다."(86쪽) 어떤 결과가 오든 우리는 몸으로 받아내는 수밖에 없다.

세계 속에 이렇듯 우연이 가득하다면, 〈회사〉의 섭리를 벗어나 사는 일이 가능하지 않은지 궁금해진다. 그것이야말로 진정한 자유 같으니 말이다. 하지만 그것은 불가능하다. 우연성의 놀이 안에 진입해야 한다는 의무 하나만큼은 우리에게 일방적으로 주어진다. 이를 거부한다면 어떻게 될까? 그는 존재하지 않는 사람이 된다. 소설의 서두에서 화자는 "소리를 질렀지만 아무도 내게 대답하지 않았고, 빵을 훔쳤지만 아무도 나를 참수하지 않았다"(78쪽)라고 호소한다. 어떻게 이런 일이 벌어지는가? 그가 존재하지 않는 사람, 곧 'nobody'이기에 그러하다. "바빌로니아와 그곳의 소중한 관습[6]에서 멀리 떨"(79쪽)어져 있는 지금에 와서야 화자는 당혹감을 느낀다. 아마 화자는 "어느 지하실의 검은 제단 앞에서 (…) 신성한 황소들의 목을 잘랐"(77쪽)던 그때의 행동을 후회할 것이다. 〈회사〉가 운영하는 복권 시스템 ─ "무료로 모든 사람들에게 배포"(82쪽)된 복권 ─ 에서 벗어나는 일이 우리에게 주는 것은 진정한 자유가 아니다. 그것은 인간됨의 박탈이다. 신성한 황소들의 목을 자른 화자는 "일 년 내내 보이지 않는 사람이 될 것이라는 신탁"(77~78쪽)을 받는다.

글을 마치기 전에 하나 덧붙인다. 화자는 "나는 그리스인들이 알지 못한 것을 알게 되었는데, 그것은 불확실성이란 것이었

---

6 이 관습은 아마 복권 제도를 말하는 것일 테다.

다"(78쪽)라고 진술한다. 잘 알려져 있듯 고대 그리스에서는 공직자를 추첨으로 결정했다. 그리스인들이 불확실성을 몰랐다는 것은 잘 이해가 되지 않는다. 이는 바빌로니아의 복권 추첨이 그리스의 복권 추첨과 다르다는 것을 함의한다. "그것은 다른 나라들에는 알려져 있지 않거나, 시행되고 있다고 해도 불완전하고 은밀한 방식으로 진행되는 복권이었다."(78쪽) 그러므로 우리가 고대 그리스인을 떠올리며 생각하는 불확실성과, 보르헤스가 바빌로니아 사람을 떠올리며 생각하는 불확실성은 다른 개념이다.

「바빌로니아의 복권」이 말하는 불확실성이란 무엇인가? 바빌로니아의 복권 추첨은 그리스의 복권 추첨과 달리 "강력한 용도"(78쪽)를 가진다. 공직자 몇 명을 뽑는 데 그치지 않고 우리가 살아 있는 내내 우리를 지배한다. 한두 사람이 아니라 모든 사람의 삶을 결정하며, 추첨의 결과가 어디로 이어질지가 전혀 명확하지 않다. 이와 달리 그리스의 복권 추첨에서는 공직자로 누가 선출될지의 범위가 남성 시민으로 제한되어 있다.

그의 모든 진술이 필연인 신—신이 "빛이 있으라"라고 말하면 빛이 있을 수밖에 없다—이 관장하는 세계 속에 우연이 있다. 신의 말은 필연이다. 곧, "신은 주사위 놀이를 하지 않는다." 그러나 신은 우리에게 주사위를 하나 던져주어 그 주사위를 굴리는 일에서 벗어나지 못하게 한다. 이것이 인간의 숙명이다. 살아 있는 내내 복권을 구매하고 주사위를 던지면서 불확실성에 시달리는 것이—또는 불확실성을 누리는 것이—우리 삶의 본질이다. 이를 받아들이는 것이야말로 「바빌로니아의 복권」이 주장하는 "도덕적 덕목"이겠다.

" 확장 "

첫 번째 확장

자유에는 불확실성이 수반된다. 인간이 원하는 것은 자유와 불확실성의 조합인가, 아니면 구속과 확실성의 조합인가? 전자를 지지하는 사례와 후자를 지지하는 사례를 하나씩 들어본다.

예)

- 인간은 자유와 불확실성의 조합을 원한다. 성공하리라는 보장이 없는 진보적인 운동에 많은 것을 바치는 이들을 보니 그러하다.
- 인간은 구속과 확실성의 조합을 원한다. 확답하지 않는 전문가보다 근거가 없는데도 확답하는 비전문가에게 의지하는 모습을 보니 그러하다.

- 인간은 자유와 불확실성의 조합을 원한다. _____
  _____
  _____ 을 보니 그러하다.
- 인간은 구속과 확실성의 조합을 원한다. _____
  _____
  _____ 을 보니 그러하다.

두 번째 확장

'누구든 자신이 받아 마땅한 몫을 받아야 한다'로 요약될 수 있는 응분의 원칙 자체를 거부하는 이는 많지 않을 것이다. 그러나 재능만 고려하더라도 각 사람이 받아 마땅한 몫의 크기는 천차만별일 테고, 재능은 우연에 의해 주어진 것이다. 재능은 일종의 복권 추첨의 결과이다. 그렇다면 재능에 따른 '마땅한 몫'이 과연 '마땅할' 수 있는가?

- 재능에 따른 마땅한 몫은 성립 가능하다. 왜냐하면 _____
_____
_____ 때문이다.
- 재능에 따른 마땅한 몫은 성립 불가능하다. 왜냐하면 _____
_____
_____ 때문이다.

" 심화 질문 "

보르헤스가 말하는 '도덕적 덕목'은 '자유를 원한다면 불확실성도 받아들여야 한다'로 요약될 수 있을 것이다. 그리고 보르헤스는 불확실성의 귀결을 벌금과 구류라는 '마땅한 처벌'로 보여준다. 자유와 책임의 관계는 무엇인가? 흔히들 '자유에는 책임이 따른다'라고 하는데, 자유가 불확실성에 근거하고 있고 책임이 자유로부터 귀결되는 바라면, 책임도 불확실성에 근거하지 않는가? 그렇다면 '마땅한 책임' 내지 '마땅한 처벌'이라는 생각은 형용 모순이 아닌가? 불확실한 결과에 대해 책임을 묻는 것은 불합리하니 말이다. 이처럼 엉킨 실타래를 풀 방법은 무엇인가?

일곱 번째 우물

기억한다는 것, 생각한다는 것
―「기억의 천재 푸네스」
Funes, el memorioso

호르헤 루이스 보르헤스, 「기억의 천재 푸네스」,
『픽션들』, 송병선 옮김(민음사, 2011), 135~148쪽.

" 작품 요약 "

  화자는 '이레네오 푸네스'라는 이름의 우루과이 소년을 세 차례 만난다. 처음 만났을 때 푸네스에게서 받은 인상은 그가 '정밀 시계'와 같다는 것이었다. 푸네스는 시계를 보지 않고도 지금이 몇 시인지를 정확히 안다. 두 번째로 만났을 때 푸네스는 낙마 사고로 전신 마비 증세를 겪고 있었으나, 사고에 의한 우발적인 결과로 비상한 기억력을 갖게 된다. 세 번째 만남에서 푸네스는 화자가 빌려준 책의 내용뿐만 아니라 자신이 보고 듣고 느끼는 것을 모두 기억하고 있었는데, 그러한 기억은 의외로 푸네스 자신에게는 괴로움의 원천이었다. 푸네스는 21세라는 이른 나이에 폐울혈로 사망한다.

" 독법 1 "

제목에서 알 수 있듯 「기억의 천재 푸네스」는 비범한 기억력의 소유자인 푸네스를 소재로 쓰인 작품이다. 좋은 기억력은 모두가 부러워하는 능력이다. 수도 요금을 내야 한다는 점을 자꾸 잊는 바람에 미납 요금이 쌓여가는 지로 용지를 볼 때마다 우리는 자신의 기억력을 탓하고는 한다. 이렇게 보면 푸네스는 우리 모두의 부러움을 사야 마땅하다. 초인간적인 기억력은 그의 삶에 여러 유익을 가져다줄 것만 같다.

그러나 보르헤스는 자신이 겪은 불면증을 소재로 삼아 이 작품을 썼다고 말한 바 있다.[1] 잠에 들지 못할 때 우리는 낮에 보았던 세계에 대한 기억을 떠올리면서 뒤척인다. 잠은 망각을 가져오기 때문에 기억은 잠과 어울리지 않는다. 잊히지 않고 떠오르는 기억들은 나를 각성시키고 잠을 몰아낸다. 이렇게 보면 비범한 기억력과 불면증은 어찌 보면 같은 상태에 대한 다른 이름이다. "잠을 잔다는 것은 세상으로부터 마음을 벗어나게 하는 것이다."(147쪽) 기억력 때문에 세상에서 벗어나지

---

1   "불면증에 시달릴 때 저는 저 자신을 잊고, 제 몸의 위치, 침대, 가구, 호텔의 세 정원, 유칼립투스 나무, 선반 위의 책, 마을의 모든 거리, 역, 농가를 잊으려고 노력했습니다. 하지만 잊을 수 없어서 계속 의식이 깨어 잠들지 못했지요. 그러다 문득 자신이 지각한 그 무엇도 잊을 수 없는 사람이 있다고 가정해 봐야겠다고 생각했습니다. (…) 저는 그 사건들을 잊지 못하고 결국 무한한 기억에 휩쓸려 죽어간 누군가를 떠올렸습니다. 한 마디로, 그렇게 기억의 단편에 시달리는 건달이 바로 나, 혹은 문학적인 목적을 위해 [제임스 조이스에게서] 훔친 이미지이지만 나 자신의 불면증에 해당하는 이미지입니다." ⟨https://thereader.mitpress.mit.edu/borges-memory-funes-the-memorious/⟩에서 읽을 수 있다.

못한 채 불면증에 시달리게 된다니, 푸네스를 부러워할 사람은 아무도 없겠다.

그래서 그런지 푸네스는 21세라는 이른 나이에 폐울혈로 사망한다. 살아 있는 동안에는 어둠 속에서 지냈을뿐더러, "이집트보다 더 오래되고 예언서나 피라미드보다 더 이전에 만들어진 동상"(148쪽)처럼 보이기도 했다. 푸네스는 사는 게 사는 게 아닌 삶을 살다가 때 이른 죽음을 맞이한다. 비범한 기억력의 소유자가 행복한 삶을 영위하지 못했다는 사실은 이 작품에서 '기억'이 의미하는 바가 우리가 흔히 생각하는 것과는 다르다는 점을 함의한다.

「기억의 천재 푸네스」에서 '기억'이 무엇을 의미하는지를 이해하려면, 푸네스가 기억하는 것이 무엇인지를 살펴보면 된다. 푸네스는 "포도 덩굴에 달린 모든 포도알과 포도 줄기, 그리고 덩굴손을 감지할 수 있었다. 그는 1882년 4월 30일 동틀 무렵 남쪽 하늘의 구름 모양을 알고 있었으며, 기억 속의 구름과 딱 한 번 보았을 뿐인 어느 책의 가죽 장정 줄무늬, 혹은 케브라초 전투 전야의 네그로강에서 어떤 노가 일으킨 물보라"(143쪽)를 기억한다. 다시 말해 푸네스는 매 순간순간 그가 감각한 모든 것의 이미지 하나하나를 아무런 누락 없이 기억한다.

이렇게 비범한 기억력이 왜 푸네스에게 불면증으로 상징되는 고통을 가져다주는지를 생각해 보자. 지금 눈앞에 있는 사물—이를테면 당신의 휴대전화나 길가에 있는 플라타너스 나무의 잎 같은 것—을 하나 바라보고 그 사물을 종이에 슬쩍 그려보라. 별다른 문제 없이 해낼 수 있을 것이다. 그런데 곰곰이 복기해보면 우리는 휴대전화 같은 작은 사물을 지각할 때도 한 번만 바라보지 않는다. 적어도 열 번 정도는 빠르게 휴대전화의 구석구석을 바라보고, 그때마다 휴대전화의 부분적 이미지를 만들어 머릿속에 저장하며, 그렇게 여러 시점에 걸쳐 저장된 이미지를 결합하여 휴대전화 전체의 이미지를 형성한다. 요컨대, 우리는 짧은 시점마다 사물의 부분을 경험하여 사물에 대한 부분적 이미지를 만들고, 그렇게 만든 부분적 이미지들을 머릿속에서 결합하여 사물 전체에 대한 하나의 이미지를 만들어낸다.

만일 이러한 결합이 이루어지지 않는다면 어떨까? 내 앞에 있는 휴대전화의 전체적인 이미지를 그리는 일은 불가능할 터이고, 휴대전화 부분들의 이미지 하나하나가 머릿속에서 따로 떠다닐 것이다. 바로 이것이 푸네스가 겪는 상황이다. 이 작품에서 기억은 감각 경험에 대한 은유이다. 푸네스가 모든 것을 '기억한다는 것'은 정확히 말하면 모든 것을 '기억하기만 하는 것'을 의미한다. 그는 기억하기'만' 할 뿐 결합하지 못하며, 그렇기에 매 순간 획득한 시각적, 청각적, 촉각적, 미각적, 후각적 이미지가 머릿속에서 따로따로 존재한다. 그렇기에 그는 "거울 속에 비친 자신의 얼굴과 자신의 손을 보고 매번 놀라"(146쪽)고, "한평생 내내 황혼에서 여명까지 그 꽃을 바라보았지만, 마치 한 번도 본 적이 없는 것처럼 그 꽃을 바라보고 있"(135쪽)을 수밖에 없다.

푸네스가 행할 줄 모르는 것에 결합만 있지는 않다. 그는 추상도 행하지 못한다. 자꾸 떠오르는 기억 때문에 잠을 이루지 못한다는 점을 감안한다면, 그리고 그의 기억이 "쓰레기 더미"(144쪽)와 같은 감각 이미지의 혼란과 다르지 않다는 점을 감안한다면, 잠에는 어떤 긍정적인 함의가 있을 텐데 그것이 바로 '망각' 내지 '잊음'으로 표현되는 추상 활동이다. "사고라는 것은 차이점을 잊는 것이다. 그것은 일반화하고 추상화하는 것이다. 푸네스의 비옥한 세계에는 상세한 것들, 즉, 곧바로 느낄 수 있는 세세한 것만 존재했다."(147~148쪽)

'추상abstraction'이란 무엇인가? 우리는 이를테면 복수의 코끼리를 관찰한 이후 코끼리의 공통점은 코가 긴 것이라는 특징을 뽑아낸다. 이것이 바로 추상화抽象化이다. 추상화는 '모호하게 만드는 일'이 아니라 '여러 사물에서 공통 속성을 뽑아내는 일'이다. 이 일이 이루어질 때야 우리는 '코끼리는 코가 길다', '인간은 사회적 동물이다' 같은 일반적 수준의 진술을 할 수 있다. 이렇게 진술할 수 있으려면 세 가지 작업이 수행되어야 한다(영어의 'abstraction'은 이 세 가지 작업을 다 포괄한다). 첫 번째 작업은 추상抽象이다. 우리는 개별 인간을 보고 나서 사회성 같은 공통점을 뽑아낸다. 두 번째 작업은 사상捨象이다. 사회성 같은 공통점이 아닌 다른 부차적 속성은 과감하게 버려야 한다. 세 번째 작업은 단절斷絶이다. '소크라테스' 같은 이름을 가지는 개인과, 일반적이고 보편적인 인간 사이에 선을 그어야 한다.[2] 이 세 작업이 성공적으로 이루어졌을 때 우리는 추상 활동을 한 것이고, 이 활동의 결과가 '인간은 사회적 동물이다' 같은 일반적 진술이다.

하지만 앞서 말했듯 푸네스의 머릿속에는 셀 수 없이 많은

---

2   "잠을 잔다는 것은 세상으로부터 마음을 벗어나게 하는 것이다"(147쪽)라는 문장은 영어로는 'To sleep is to be **distracted** from the world'로도, 'To sleep is to be **abstracted** from the world'로도 번역된다(강조는 내가 한 것이다). 스페인어 원문은 'Dormir es distraerse del mundo'이다.

감각 이미지만 가득하다. 감각 경험으로 얻은 개별적인 이미지를 결합하지조차 못하는 푸네스가, 일단 결합이 이루어진 이후에야 가능한 추상 활동을 해낼 수 있을 리 없다. 그에게 세계는 파편으로만 존재할 따름이다. 이 개체와 저 개체의 공통점을 추상하여 인간이라는 보편자에 대한 진술을 형성할 능력이 없다. 기억의 천재인 푸네스는 차이점을 잊지 못하기에 "일반화하고 추상화"(147쪽)하지 못한다.

기억만이 넘쳐나는 푸네스가 할 수 있는 유일한 선택은 기억을 최대한 덜 만드는 것이다. 기억을 덜 만들려면 감각 경험을 최대한 덜 해야 하며, 푸네스의 방이 늘 불이 꺼져 있고 어두운 이유가 이것이다. "새벽빛이 조심스럽게 흙으로 뒤덮인 정원으로 스며"(148쪽)드는 모습은 소설 속 화자에게만 아름다운 사건이다. 가능한 한 아무것도 보거나 듣지 않는 것, 그렇게 함으로써 최대한 기억을 덜 만드는 것, "촛불을 켜지 않고도 시간을 보낼 줄"(141쪽) 아는 것, 이것만이 푸네스가 택할 수 있는 유일한 삶의 방식이다. 결합의 능력도 없고 추상의 능력도 없는 그에게는 다른 방도가 없다.

" 독법 2 "

'기억'의 의미가 무엇인지, 그리고 기억의 천재 푸네스가 불면증에 시달린다는 것이 무엇인지를 이해했으니 이제 더 깊이 들어가 보도록 하자. 보르헤스가 「기억의 천재 푸네스」를 통해 말하고자 하는 것은 푸네스의 고통에 그치지 않는다. 푸네스의 고통을 통해 보르헤스가 실질적으로 다루는 주제는 '사고/사유/생각thought의 본성'이다. 푸네스가 기억의 천재라는 점은, "(…) 그에게는 일반적인 사고, 즉 플라톤적인 사고를 할 능력이 실질적으로 거의 없었다는 사실"(146쪽)을 의미한다. 사고에 대한 물음을 둘로 나누어보자. '사고, 즉 생각한다는 것은 무엇인가?'가 하나이고, '사고의 대상은 무엇인가?'가 다른 하나이다. 이 두 물음에 답하다 보면, 보르헤스가 말하는 '플라톤적인 사고'가 무엇인지도 알 수 있게 될 것이다.

'사고, 즉 생각한다는 것은 무엇인가?'에 대한 답변은 이미 해둔 바 있다. 사고한다는 것은 잠을 자기를, 즉 공통점이 아닌 다른 부차적 속성을 지우기를 요구한다. 개별 사물을 관찰하되 그 사물들의 차이점은 잊고 공통점을 추려내어 일반적인 진술을 만드는 것, 그러한 과정을 수행하는 것이 바로 사고이다. 사고에 대한 이와 같은 정의는 '사고의 대상은 무엇인가?'에 대한 답변으로 이어진다. 보르헤스가 생각하기에 사고의 대상은 '소크라테스' 같은 이름을 가진 개별자 내지 특수자가 아니라 '인간'이라는 표현으로 불리는 보편자이다.

'보편자 내지 보편적인 것the universal'에 대한 가장 일반적인 정의는 '여럿을 서술하는 것'이다. 세상에 나만 인간이지는 않다. 나도 인간이고, 당신도 인간이고, 저 사람도 인간이다.

이렇게 보면 인간 보편자는 나와 당신과 저 사람을 공히 인간으로 만들어주는 무언가이자, 문장에서 보자면 '나'와 '당신'과 '저 사람'을 공히 서술하는 무언가이다. '소크라테스는 인간이다'나 '자선 행위는 정의롭다' 등의 문장 내 오른쪽 자리에서 주어를 서술하는 '인간'이나 '정의로움' 같은 언어 표현의 지시 대상이 보편자이다.

'소크라테스'라는 언어 표현은 그 이름을 가진 어떤 개체를 지시함으로써 의미를 획득하고, '인간'이라는 언어 표현은 그 이름을 가진 어떤 보편자를 지시함으로써 의미를 획득한다. 다만 보편자는 눈에 보이지 않고 손으로 만져지지 않는다. 즉, 소크라테스가 시공간을 점유하는 것과 달리 보편자는 시공간을 점유하지 않는다. 시공간을 점유하지 않으면서 존재하는 까닭에 쉽게 포착되지는 않지만—마치 자유나 사랑이 그렇듯—분명히 존재하는 것, 그것이 보편자이다.

이렇게 보편자가 실제로 존재한다고 보는 입장의 대표자가 플라톤이다. 플라톤은 모든 정의로운 것을 정의롭게 만드는 보편자인 정의의 형상이 존재한다고, 모든 아름다운 것을 아름답게 만드는 보편자인 아름다움의 형상이 존재한다고, 모든 좋은 것을 좋게 만드는 보편자인 좋음의 형상이 존재한다고 말한다. 보르헤스에게 중요한 것은 이와 같은 보편자를 포착하는 "플라톤적인 사고"이지만, 추상화 능력이 없는 푸네스는 플라톤적으로 사고할 수 없다. 감각 경험에서 얻은 개별 이미지만 가지고 있는 사람이 어떻게 보편자에 접근할 수 있겠는가?

이는 보르헤스와 푸네스가 사용하고자 하는 언어의 상이성으로 이어진다. 보르헤스는 자연 언어의 사용을 지지한다.

우리가 일상적으로 사용하는 자연 언어에는 일반화 내지 추상화 작용을 거친 일반 명사와 형용사가 있다. '인간'이나 '정의로움'이라는 단어로 개별자를 묶어서 서술하는 일이야말로 사고작용의 성과이며, 이때 특수자의 세세한 것을 누락하는 일은 어쩔 수 없다. 소크라테스가 말을 빨리하고, 플라톤이 말을 느리게 하는 등의 차이는 인간 보편자에 대한 지식을 형성하는 데 오히려 방해가 되는, 사상되어야 하는 요소이다.

반면 푸네스는 인공 언어의 사용을 지지한다. 그가 개발하고자 했던 인공 언어는 모든 특수자의 특수성을 있는 그대로 보존한다. 푸네스가 새로 만든 수 체계에서 '7013'은 '막시모 페레스'이고, '7014'는 '철도'이다. 우리는 '7013'과 '7014'가 1을 차이로 이어지는, 즉 유사성을 가지는 수라고 생각하지만, 푸네스가 보기에 두 수는 완전히 별개의 것이기 때문에 각 수 고유의 특수성을 살리려면 저런 식으로 완전히 개별적인 이름을 붙여주어야 한다.[3]

또 푸네스는 "'개'라는 유屬적 기호[4]가 형태와 크기가 상이한

---

[3] 푸네스와 비슷한 아이디어에서 착상된 로크의 인공 언어를, "그 언어가 너무도 개략적이고 모호해서"(145쪽) 푸네스가 포기했다고 번역되어 있으나, "개략적이고 모호해서"가 아니라 '일반적이고 애매해서'이다. 로크는 개별 사물에 개별 이름을 붙이는 데 그치지만 푸네스는 개별 사물의 부분 및 시점과 관점까지 반영하는 더욱 상세한 이름을 고안한다. 사물을 더욱 세세하게 짚을 수 있는 하위 층위로 내려오기 때문에 푸네스의 언어는 로크의 언어보다 '일반적'이지 않고, '가바가이' 같은 이름이 어떤 개체의 이 부분과 저 부분 중 무엇을 가리키는지가 헷갈리지 않기 때문에 '애매'하지 않다. 원문은 'demasiado general, demasiado ambiguo'이다.

[4] 'símbolo genérico'는 '속屬적 상징'이 아니라 '유類적 기호'이다. 'symbol'에 '기호'라는 의미도 있다는 것은 앞에서도 언급한 바 있다. '유적 기호'란

서로 다른 개체들을 포괄할 수 있다는 사실을 좀처럼 이해"(146쪽)하지 못한다. '조디'라는 이름의 한 존재자와 '포스터'라는 이름의 한 존재자가 이토록 다른데 어떻게 둘을 '개'라는 기호로 간편히 묶을 수 있는가? (나와 함께 사는 두 반려견의 이름이다.) 그의 기억력은 이를 용납하지 못한다. 더 나아가 푸네스는 "3시 14분에 보았던 개가 3시 15분에 보았던 개와 같은 이름을 가질 수 있다는 사실을 못마땅하게 생각"(146쪽)하기도 한다. 3시 14분의 그 개가 가지는 속성과 3시 15분의 그 개가 가지는 속성은—적어도 세포가 분열하거나 털 길이가 변화했다는 등에서라도—구별되며, 따라서 두 개를 묶는 일은 불가능하기 때문이다. 그러니 동일한 개에 대해서도 시점과 관점에 따라 모두 다른 이름이 부여되어야 한다. 우리가 같은 종에 속한다고 생각하는 개체를 말 그대로 같은 종으로 묶는 일은 불가능하고, 한 개체를 한 개체로 묶는 일 역시 불가능하다. 푸네스의 세계에는 특수한 것들을 묶고 정돈하는 체계가 없다. 그러나 그것은 세계를 가장 섬세하게 기록하고 기억하는 방식이기도 하다. 푸네스의 사고력은 형편없을지언정 "지각력과 기억력은 완전"(143쪽)하다.[5]

반면 작품 속 화자는 지각력과 기억력은 완전하지 않지만 사고력에는 문제가 없다. 화자는 감각 이미지를 결합하여 사물

---

[5] 여러 개체를 묶은 그룹에 적용되는 기호를 말한다. 소크라테스, 플라톤, 아리스토텔레스 등을 묶는 '인간' 같은 단어가 유적 기호의 사례이다. 이 해설에서 적극적으로 끌어들이지는 않지만, 기억만 할 줄 아는 푸네스는 우리와 달리 "상상"(142쪽) 역시 하지 못한다. 보르헤스가 생각하는 상상의 기능에 대해서는 「틀뢴, 우크바르, 오르비스 테르티우스」를 해설하는, 이 책의 11장을 보라.

에 대한 전체적인 이미지를 형성할 수 있고, 개체를 종합하여 보편자에 대한 진술을 행할 수 있다. 따라서 화자는 자신의 기억력이 그리 대단하지 않다는 데 별다른 문제를 느끼지 않는다. "나는 (…) 매우 '아득하게' 느껴지던 그의 얼굴을 기억한다. 나는 (…) 그의 손을 기억한다(믿는다)[6]"(135쪽)라는 표현이 이를 보여준다. 여기서 '아득하게'로 번역된 단어는 영어로 'remote'인데, 'remote'는 '냉담한' 내지 '데면데면한'을 의미하기도 하고, '먼 옛날의'를 의미하기도 한다. 푸네스의 얼굴이 'remote'하게 느껴진다는 것은 푸네스와 그리 친하지 않아 데면데면하다는 의미이기도 하고, 푸네스만큼 화자의 기억력이 완전하지 않아 푸네스를 만난 일이 덜 생생하게, 더 멀게 느껴진다는 의미이기도 하다.

푸네스만큼 기억하지 못한다는 것은 화자의 열등감이 아니라 자부심의 원천이다. 화자는 푸네스에 대한 자신의 증언이 "가장 간결하며 틀림없이 가장 빈약한 것일 테지만 당신들이 출판할 책 가운데 가장 편파적인 축에 들지는 않을 것"(136쪽)이라고 말한다. 왜일까? 기억을 포기하는 대신 그를 사고하기 때문이다. 화자 입장에서는 푸네스를 처음 만난 때가 1884년 2월인지 아니면 3월인지는 중요하지 않다.(136쪽) 중요한 것은 푸네스에 대한 꼼꼼한 기록이 아니라 그에 관해 사고하는 것, 더 나아가 그를 통해 사고의 본성을 고찰하는 것이기

---

6 한국어 번역본과 달리, '생각한다'가 아니라 '믿는다'로 번역되어야 한다. 이 작품의 주제인 '사고하다', '사유하다', '생각하다'에 해당하는 단어는 'pensar'이며, 여기서 등장한 단어는 'crear', 그러니까 'believe'이다. 화자는 자신의 기억이 푸네스의 기억과 다른 종류의 것이지만 자신의 기억도 나름의 기억이라고 '믿는' 것이다.

때문이다.[7] 다른 기록자들은 자신이 만난 푸네스의 일면을 있는 그대로 써 내려가기는 하겠으나 그러한 기록은 특정한 시점과 관점에서 푸네스의 조각조각을 나열하는 "편파적인"(136쪽), 추상화 과정을 결여한 서술이다.

푸네스는 어디에서 살고 있는가? 물론 우루과이의 한 마을인 프라이 벤토스에서 살고 있다. 그러나 그는 자신이 시공간상으로 속한 세계와 어울리지 못한다. 더 이상 그 무엇도 보기를 원하지 않고, 그 무엇도 듣기를 바라지 않으며, 그 누구도 만나고 싶어 하지 않는다.[8] 이 모든 것에 대한 기억이 그의 불면증을 재촉하기 때문이다. 그러니 푸네스의 세계가 "비옥한 세계"(148쪽)라는 표현은 반어이다. 푸네스 자신의 세계는 끝없는 감각 이미지의 난립으로 황폐하기 짝이 없다.

그가 자신이 속한 세계와 어울리지 못하는 것은 사고하지 못하기 때문이며, 사고하지 못하는 것은 세계를 대면하는 일의 의미를 축소하고 훼손한다. 세계를 대면한다는 것은 단순히 커피를 여러 잔 마시는 데 지나지 않는다. 커피를 여러 잔 마신 다음 커피 맛에 대한 일반적 정보를 형성하는 것, 그것이 세계를 대면하는 것의 본질이다. 추상 작업을 행하

---

[7] 푸네스에 대한 화자의 이 복기는 누락 없는 서술이 아니라 과감한 요약이다. 화자는 "다시는 복원할 수 없는 그의 말을 그대로 재생하려고 하지는 않을 것이다. 그 대신 나는 이레네오가 내게 말했던 많은 것들을 충실하게 요약하고자 한다"(142쪽)라고 말한다. 요약은 추상 활동을 통해서만 가능한 작업이다.

[8] 같은 우루과이 사람으로 등장하는 두 인물이 "페드로 레안드로 이푸체"(136쪽)와 "베르나르도 후안 프란시스코"(137쪽) 같은 세 어절의 이름을 갖는 데 반해, 푸네스만이 '이레네오 푸네스'라는 두 어절의 이름을 가진다는 점은 세계를 이탈한 그의 위치를 나타내는 것 같다.

지 못하는 푸네스는 세계를 진정한 의미에서 대면하지 못한다. 그에게 세계는 경험과 조우의 대상이 아니라 공포와 부담의 대상이다. 이렇듯 사고, 사유, 생각한다는 것은 머릿속 작용에 머무르지 않는다. 그것은 한 사람이 세계와 만나는 방식을 결정하는 절차이기도 하다.[9]

우리 대부분은 사고의 본성을 고찰하는 데 게으르다. 사고한다는 것이 무엇인지, 우리가 무엇을 사고해야 하는지를 검토하지 않으면서 무언가를 알 수 있다고 자신하는 데 우리의 문제가 있다. "분명한 것은 우리가 미룰 수 있는 모든 것을 뒤로 미루면서 살아가고 있다는 사실이다. 아마도 우리 모두는 우리가 죽지 않을 것이며, 조만간 모든 인간들이 모든 일을 할 수 있게 될 것이고, 모든 것을 알게 될 것이라는 사실을 확신하고 있는 것 같다."(144쪽) 무엇을 알아야 하는지를, 어떻게 해야 알 수 있는지를 검토하지 않은 채 세계를 감각을 통해 관찰하기만 하면 지식을 쌓을 수 있으리라는 기대를 버리고, 사고의 본성을 근본부터 재검토하기를 이 소설은 촉구한다.[10]

---

9 누군가가 시간을 묻자 푸네스는 "하늘을 쳐다보지도 않고 멈추지도 않은 채, '베르나르도 후안 프란시스코 청년, 8시 사 분 전이야'라고 대답"(137쪽)한다. 푸네스가 시간을 '안다'고 말할 수 있을까? 하늘을 바라보지 않고도 시간을 '아는' 그에게 하늘, 즉 세계를 마주할 이유가 굳이 있을까? 이 소설에서 푸네스는 사람으로 묘사되지 않는다. 그는 "정밀 시계"(138쪽)에 가깝다.
10 이 게으름을 교정하지 않은 채 우리는 죽음으로 나아간다. 우리 대부분은 마치 자신이 "죽지 않을 것"처럼 사는데, 이러한 오만과 착각은 화자의 경우에도 다를 바 없었다. "약간 잘난 체"(139쪽)를 하면서 라틴어를 공부하던 화자가 사고 내지 생각과 관련한 문제를 직면하게 된 것은 아버지의 죽음이었다. 아버지가 위독하다는 전보를 받은 화자는 예전에 빌려줬던 책을 받으러 푸네스에게 갔다가 '기억-불면증'과 '사고-잠'

" 확장 "

첫 번째 확장

보르헤스는 '플라톤적인 사고'를 옹호한다. 그리고 이 반대편에 '비非플라톤적 사고'를 주창하는 로크와 푸네스가 있다. 보르헤스의 주장에서 벗어나 잠시 스스로 생각해 보자. 지식의 대상은 보편자인가, 아니면 특수자인가? 내가 알고자 하는 것은 인간인가, 아니면 소크라테스인가?

예)

- 내가 알고자 하는 것은 소크라테스 같은 특수자이다. 왜냐하면 보편자가 실제로 존재하지는 않으며, 소크라테스가 어떤 음식을 좋아하는지는 그가 인간이라는 점보다 실생활에서 더 유용하기 때문이다.

- 내가 알고자 하는 것은 (특수자 / 보편자)이다. 왜냐하면 _____
_____
_____
_____ 때문이다.

의 관계를 고민하기 시작한다.

두 번째 확장

사물의 특징을 뽑아내는 추상화는 곧 사물을 하나로 묶는 범주화이다. 그리고 범주화는 개별자를 보편자에 따라 분류하는 것이다. 따라서 '플라톤적인 사고'가 옳다면, 올바른 범주화는 딱 하나뿐이어야 한다. 그러나 정말 그런가? 여기 판다, 원숭이, 바나나가 있다. 이것들을 두 개의 범주로 나누는 방법은 총 세 가지이다. {(판다, 원숭이), (바나나)}, {(판다, 바나나), (원숭이)}, {(원숭이, 바나나), (판다)}. 무엇이 올바른 분류인가? 어떤 심리학 연구에 따르면 '관계를 중시하는' 동양인은 {(원숭이, 바나나), (판다)}를, '본질을 중시하는' 서양인은 {(판다, 원숭이), (바나나)}를 택한다.[11] 이것은 플라톤적인 사고에 대한 반례인가? {(판다, 바나나), (원숭이)}는 과연 안 되는가? 안 된다면 그 이유는 무엇인가?

- 나는 세 가지 선택지 가운데 _____
  _____
  를 선택할 것이다. 왜냐하면 _____
  _____
  _____
  _____ 때문이다.

---

11 R.E. Nisbett, K. Peng, I. Choi, & A. Norenzayan, "Culture and Systems of Thought: Holistic versus Analytic Cognition," *Psychological Review* (Apr. 2001) 108(2), p. 291. 자세한 논의가 궁금하다면 리처드 니스벳이 쓴 『생각의 지도』(김영사)를 보라.

- 이것은 플라톤식 사고에 대한 (반례이다 / 반례가 아니다). 왜냐하면

_____

_____

_____ 때문이다.

" 심화 질문 "

보르헤스는 공통 속성을 추출한 다음, 부차적인 속성을 사상 내지 폐기해야 추상 작업이 이루어진다고 말한다. 이렇게 폐기되는 것은 정말 폐기되어야 마땅한가? 예컨대 대통령이 "국민 대통합이 필요합니다"라고 말할 때, '국민'이라는 표현은 우리 한 사람 한 사람의 극히 일부만을 포착한다. 나 자신의 다른 부분은 폐기되어도 괜찮은가? '여성의 권리'라는 표현에서 '여성'이 대부분의 여성을 포착한다고 하더라도 혹여 각 개인의 결정적인 지점이, 이를테면 인종, 계급, 학력 등의 지점이 누락되지는 않는가? '장애인을 위한 개선'이라는 표현에서 '장애인'은 누구를 지시하는가? 시각 장애인인가, 아니면 청각 장애인? 인지 장애인은 또 어떤가? 우리가 사용하는 언어가 어떠한 집합 내 성원을 성공적으로 포착할 수 있기는 한가? '소크라테스는 인간이다'라는 문장은 소크라테스가 인간이라는 점만을 포착할 뿐 그 외의 너무나 많은 것을 누락하지 않는가?

여덟 번째 우물

우리는 무엇을 믿는가?

—「엠마 순스」
Emma Zunz

호르헤 루이스 보르헤스, 「엠마 순스」,
『알레프』, 송병선 옮김(민음사, 2012), 75~84쪽.

" 작품 요약 "

 타르부흐 & 로웬탈 방직 공장에서 일하는 엠마 순스는 브라질에 거주하던 자신의 아버지가 사망했다는 편지를 받는다. 자살로 추정되는 아버지의 사망 소식을 들은 그는 생전에 아버지에게 횡령 누명을 씌웠던 공장주, 아론 로웬탈에게 복수를 하려고 결심한다. 노조의 파업에 대한 정보를 주겠다는 핑계로 로웬탈을 따로 만나기로 한 엠마 순스는 중간에 술집에 들러 의도적으로 자신의 성을 판매한다. 그런 다음 로웬탈을 만나 그를 살해한 후, 경찰에 전화해 로웬탈의 강간으로 인한 부득이한 살인이었다고 말한다.

" 독법 1 "

「엠마 순스」는 보르헤스의 소설 중 줄거리가 명확한 몇 안 되는 작품에 해당한다. 간단히 말하자면 「엠마 순스」는 복수극이다. 타르부흐&로웬탈 방직 공장의 현 소유주 가운데 한 사람인 아론 로웬탈은 본래 이 공장의 관리인이었다. 로웬탈은 이 방직 공장의 자금을 횡령한 후 그 자금을 통해 공장의 소유주가 된다. 횡령 사실을 무마하고자 그는 한 사람에게 누명을 씌우는데, 그 누명을 뒤집어쓴 이가 바로 엠마 순스의 아버지인 엠마누엘 순스이다. 엠마누엘 순스는 브라질로 도망가 '마누엘 마이에르'라는 가짜 이름으로 숨죽인 채 생활하다가 수면제 과다 복용으로 생을 마감한다. 사정이 이러하니 마누엘 마이에르, 아니, 엠마누엘 순스의 딸인 엠마 순스가 아론 로웬탈에게 복수할 이유는 충분하다. 엠마 순스는 파업에 대한 정보를 흘려주겠다는 핑계로 로웬탈의 집으로 찾아간 후, 그를 권총으로 쏴 살해한다.

이와 같은 복수극이 다양한 예술 장르 내 수많은 작품에서 반복된다는 점은 복수가 인류의 보편적인 행동 패턴임을 보여준다. 원칙적으로 복수는 사적 제재의 일환이며, 이 복수가 타인의 생명권이나 재산권 등을 침해하는 정도에 따라 현대 법치주의 국가에서는 범죄 행위가 될 수도 있다. 내 아버지가 횡령 누명을 썼다면 그 문제는 소송과 재판이라는 사법 절차를 통해 해결되어야 하지, 나의 살인으로 해결되어서는 안 된다. 후자의 선택지는 또 다른 범법과 복수를 낳을 뿐이다. 하지만 우리는 사법 제도를 통한 공적 처벌로 환원되거나 해소되지 않는 어떤 앙금이 존재한다는 점을 안다. 나의 가족을 사망하게 한 음주 운전자가 징역 1년에 집행 유예 2년을 선고받아 아무렇지도 않게 일상으로 복귀하는 모습은 공적 정의의 실현이라기보다는 사적 정의에 대한 촉구 같다.

복수는 역설적이다. 복수에 의한 살인은 우리 사회에서 결코 허용되지 않는 범법 행위이다. 하지만 복수에 의한 살인에 꽤 설득력 있는 이유 내지 근거가 있는 것도 사실이다. 복수는 여타의 폭력 행위와 달리 실제로 구현되어야 하는 납득할 만한 이유가 있으면서도 사회적으로 용인될 수는 없다고 하는 독특한 상황에 처해 있다. 이 점이 복수를 쉽게 판단하기 어려운 — 반대로 말하자면 그만큼 매력적인 — 주제로 만든다. 엠마 순스의 복수에도 같은 말을 할 수 있다. 엠마 순스의 복수는 법을 어긴 사적 제재라는 점에서 금지되어야 마땅한 처벌의 대상이고, 엠마는 살인자이다. 그렇지만 부당한 누명을 씌워 아버지를 죽음으로 몰아간 이에게 행하는 살인이라는 점에서 엠마 순스의 복수에는 명확한 이유가 있고, 이 점은 우리로 하여금 엠마 순스를 단순한 범죄자로 간주하지 않게 한다.

복수를 둘러싼 이 역설은 두 가지 물음을 던진다. 하나는 복수의 정당성 문제이다. 「엠마 순스」를 포함하여 복수를 소재로 하는 많은 작품은 '복수는 정당화될 수 있는가?'를 묻는다. 단적으로 말할 수는 없겠으나 소설 속 엠마 순스의 복수극에 우리가 어느 정도 공감하게 되는 것을 감안한다면, 보르헤스는 복수의 정당화 가능성에 어느 정도 긍정적인 입장을 취하는 듯하다. 그리고 이러한 입장은 법적 정의로 환원되지 않는 도덕적 정의의 영역이 있음을, 제도적 처벌로 환원되지 않는 사적 처벌의 영역이 있음을 보인다.

복수의 정당성 외에도 복수와 관련한 다른 물음이 있는데, 그것은 '복수는 복수하는 이에게 어떠한 영향을 미치는가?'이다. 보통 복수는 복수하는 이 자신을 망가뜨린다고들 한다. 복수에 성공한 이후 허탈감을 느낀 주인공이 자살하는 결말의 영화가 적지 않다. 「엠마 순스」는 복수 이후의 사건은 다루지 않기 때문에 엠마가 복수 후 어떤 일을 겪는지 알 수 없으나, 적어도 복수를 꾀하고 실행하는 과정 가운데 엠마가 어떠한 변화를 겪는지는 소설에서 찾아볼 수 있다. 보르헤스 작품에서 주인공으로 등장하는 몇 안 되는 여성 인물 중 한 사람인 엠마 순스는 자신에게 주어진 부정적 환경에 압도되지 않고 자신의 힘을 적극적으로 증명한다.[1]

　아버지가 사망했다는 소식을 들은 엠마 순스의 반응은 본래 그가 강한 사람이 아니라는 점을 보인다. 그는 "맥이 풀리고 무릎이 풀리는 느낌을 받았"(76쪽)고, "마누엘 마이에르의 자살을 슬퍼하며 그날이 끝나기까지 울었다."(76쪽) 그러나 복수를 결단한 이후에는 "마지막 단계는 첫 단계보다 덜 무서울 것이며, 의심의 여지 없이 자기에게 승리와 정의의 맛을 보여줄 것"(78쪽)이라고 생각한다. 엠마는 예전의 사건을 복기하면서 머릿속으로 복수를 꿈꾸는 데 그치지 않는다. 권총으로 로웬탈

---

[1] 이사벨 아옌데의 단편, 「복수An Act of Vengeance」와 대비하면 더욱 그렇다. 아옌데의 이 작품에서 주인공 둘세 로사는 자신을 강간하고 자신의 아버지를 죽인 남성에게 복수하려고 하지만 그와 사랑에 빠지고 만다. 그렇지만 복수를 하지 않을 수는 없었기에 로사는 자기 자신을 죽이는 것으로 복수 아닌 복수를 성취한다. 이 작품에 대한 한국어 번역본은 『라틴여성작가 대표 소설선』(더스타일, 2012)에 담겨 있으나, 해당 도서는 품절 상태이다.

을 직접 쏴 그를 죽이는 데 성공하기까지 한다(심지어 자신이 꾸며낸 사건의 거짓 전모를 경찰에게 직접 알린다). 복수를 위한 일련의 계획을 차곡차곡 이행하는 가운데 엠마 순스는 강한 사람으로 변모한다. 엠마는 복수를 통해 자신의 힘을 아버지에게, 공장주에게, 무엇보다도 자기 자신에게 증명했다.

이 복수는 오로지 아버지만을 위한 것인가? 그렇지 않다. 강해진 엠마의 모습은 엠마 순스 자신조차 끄집어내지 않으려고 하는 엠마의 과거사를 불러온다. "아론 로웬탈 앞에 있게 되자, 엠마는 자기가 겪었던 모욕에 대해 벌주는 것이 (아버지에 대한 복수를 하겠다는 절박한 마음보다) 급하다고 느꼈다"(83쪽)라는 문장은 엠마와 로웬탈 사이에 어떤 문제가 있었음을, 엠마 개인적으로도 로웬탈에게 복수할 사건이 있었음을 암시한다. 언젠가 엠마는 로웬탈에게서 "철저하게 치욕[2]을 당했"(83쪽)다. 이 치욕이 구체적으로 무엇이었는지를 적시할 수는 없지만, "그의 음탕한 입술"(83쪽)이나 "남자들은 그녀에게 거의 병적일 정도의 공포를 불러일으키는 존재"(77쪽)라는 문구는 성폭력이 있었을 것임을 짐작하게 한다. 18세 여성 청소년인 엠마 순스에게 세상은 친절하지 않았다.

엠마 순스의 복수는 아버지를 위한 것인 동시에 자기 자신을 위한 것이기도 하다. 이 복수는 엠마 순스를 사기 피해자의 딸 및 성폭력 피해자에 머무르지 않도록, 그가 자기 자신을

---

2 이 단어가 국역본에서는 "망신"으로 번역되어 있다. 성폭력 피해자가 당하는 것은 망신이 아니며, 원문 역시 'deshonra/dishonor'이다. '모욕'이나 '치욕' 또는 '명예가 더럽혀짐'을 제안한다.

위한 정의 구현을 계획하고 집행하는 강한 사람으로 거듭나도록 한다. 하지만 복수에 성공한다고 해서 긍정적인 귀결만 얻게 되는 것은 아니다. 엠마 순스의 아버지가 겪은 수준은 아닐지언정, 삶에서 크고 작은 부당한 일은 "끊임없이 일어"(76쪽)난다. 향후 그러한 일을 맞닥뜨린다면, 복수에 성공했고 사건의 전모까지 성공적으로 감춘 전력이 있는 엠마 순스는 어떻게 대응할까? 이 복수극을 통해 엠마 순스는 무엇을 학습했을까? 복수의 성공은 복수를 행하는 자가 자신의 힘을 주체하지 못하게 만들지 모른다. 이는 우리로 하여금 복수가 복수하는 사람 자신 및 그가 속한 공동체에 미칠 영향을 다시 생각해 보게 한다.

" 독법 2 "

이제까지 「엠마 순스」를 복수라는 윤리적 쟁점을 중심으로 설명했는데, 보르헤스의 작품이 「엠마 순스」처럼 윤리적 문제에 주된 초점을 맞추는 경우는 거의 없다. 사실, 「엠마 순스」에도 「바벨의 도서관」 등과 마찬가지로 보르헤스가 견지하는 인식론적 형이상학적 입장이 담겨 있으니, 이제부터는 그 이야기를 해보겠다.

크리스토퍼 놀란 감독의 출세작인 〈메멘토〉(2000)를 기억하는 독자가 있는지 모르겠다(지금부터 스포일러가 있다). '기억하라'를 뜻하는 라틴어 표현 'memento'를 제목으로 하는 〈메멘토〉에는 기억력에 문제가 있는 한 남자, 레너드 셸비가 주인공으로 등장한다. 사고로 뇌 손상을 입어 10분마다 기억을 잃는 셸비는 아내를 죽음으로 몰아간 '존 G'라는 이름의 인물을 찾아 복수하려고 한다. 그러나 영화의 말미에 가면 애초에 셸비의 아내가 사망한 이유는 완전히 다른 사건과 관련하고, 존 G에 대한 셸비의 기억은 조작된 것임이, 아니, 셸비의 거의 모든 기억이 셸비 자신과 주변 인물에 의해 조작된 것임이 드러난다.

〈메멘토〉는 우리의 믿음이 과연 신뢰할 만한 것이냐는 근본적인 물음을 던진다. 우리는 지구가 둥글다고 믿고, '1+1=2'를 믿으며, 타인에게 상해를 가하는 것은 비도덕적인 행위라고 믿는다. 이때 중요한 것은 우리는 자신이 믿는 명제가 참이라고 생각한다는 데 있다. '지구는 둥글다'가 참이라고 생각하기 때문에 '지구는 둥글다'를 믿는다. '지구는 평평하다'를 믿지 않는 이유는 '지구는 평평하다'가 거짓이라고 생각하기 때문이다. 이렇게 어떤 명제를 믿는 것과 그 명제가 참이라는 것은 밀접한 관련을 맺는다. 의도적으로 거짓 명제를 믿고자 하는 사람은 없다. '지구는 평평하다' 같은 거짓 명제를 믿는 사람조차 그 명제가 참이라고 생각하기에 믿는 것이다.

명제는 언제 참인가? 많은 경우 명제는 그것이 서술하는 사태와 일치할 때 참이다. '지구는 둥글다'가 참인 것은, 지구가 둥근 형태를 띠고 있는 사태가 있고, '지구는 둥글다'가 이 사태와 부합하게 세계를 서술하기 때문이다. '도서출판 b는 출판사이다', '한국은 대통령제를 택하고 있다' 등이 참인 것도 마찬가지이다. 정리하자면 이렇다. 세계 속에 어떤 사태가 있다. 그 사태와 일치하는 명제는 참이다. 우리는 해당 명제가 참이라고 생각하기에 그 명제를 믿는다. 따라서 사태와 일치하지 않는 거짓 명제를 믿는 일은 교정의 대상이며, 혹여 거짓 명제를 믿는 일은 우리로 하여금 잘못된 행동을 하도록 유도할 여지가 있다.

문제는 사태state of affairs[3]에 대한 보르헤스의 관점이 워낙 독특하다는 데 있다. 「두 갈래로 갈라지는 오솔길들이 있는 정원」에 대한 해설을 비롯한 몇 곳에서 설명했듯, 보르헤스 소설에서는 실현된 사태와 실현되지 않은 사태 사이에 별다른 차이가 없다. 나는 오늘 저녁에 된장찌개를 먹을지 햄버거를 먹을지 고민하다가 최종적으로 된장찌개를 저녁 식사 메뉴로

---

[3] '사태state of affairs'는 '특정한 상황' 정도로 이해해도 무방하다. '라면이 끓고 있는 상황=라면이 끓고 있는 사태'이다. '눈사태' 같은 표현에 담겨 있는 '예상치 못함', '피해가 있음', '너무 거대해서 수습하기 어려움' 같은 뉘앙스는 제거해야 한다.

택하여 먹었다. 이때 된장찌개를 먹는 것은 실현된 사태이고, 햄버거를 먹는 것은 실현되지 않은 사태이다. 그러니 우리의 상식으로는 '나는 오늘 저녁 식사로 된장찌개를 먹었다'는 참이고, '나는 오늘 저녁 식사로 햄버거를 먹었다'는 거짓이다.

보르헤스는 달리 생각한다. 두 사태 사이에 실현 여부라는 차이가 있을지언정 그 차이는 그리 대단한 것이 아니다. 내가 햄버거도 된장찌개만큼 먹고 싶어 했다는 점을 감안한다면, 햄버거를 먹는 일이 충분히 일어났을 법한 사태라면, 된장찌개 대신 햄버거 먹을 걸 그랬다고 후회하는 내 모습을 바라보면 정말 그러한 것만 같다. 이제 무엇이 참이고 거짓인지가 헷갈리기 시작한다. 실현된 사태와 일치하는 명제 — '나는 오늘 저녁 식사로 된장찌개를 먹었다' — 가 참인 명제인 것은 명백하다. 하지만 보르헤스에게 실현되지 않은 사태는 실현되지만 않았을 뿐 나름의 '있는/존재하는' 사태이며, 그러므로 실현되지 않은 사태와 일치하는 명제 — '나는 오늘 저녁 식사로 햄버거를 먹었다' — 역시 적어도 보르헤스의 체계에서는 어떤 의미에서 참이다.

「엠마 순스」가 역설하는 것이 바로 이 점이다. 보르헤스가 볼 때는 엠마가 '내 아버지가 로웬탈 때문에 누명을 썼다'를 믿는다는 점 자체가 중요하지, '내 아버지가 로웬탈 때문에 누명을 썼다'가 실현된 사태와 일치하는지 하지 않는지는 중요하지 않다. 실제로 로웬탈 때문에 누명을 썼다면 이는 실현된 사태이고, 실현된 사태와 일치하니 이 명제는 참이다. 혹여 로웬탈 때문에 누명을 쓴 것이 아니라면 로웬탈 때문에 누명을 쓴 것은 실현되지 않은 사태이고, 실현되지 않은 사태와 일치하니 이 명제는 참이다. 말하자면, '내 아버지가 로웬탈 때문에 누명을 썼다'는 실현된 사태와 일치하든 실현되지 않은 사태와 일치하든 둘 중 하나와는 일치하기 때문에 늘 참이고, 따라서 믿을 만하다.

소설 속 모든 것이 불분명한 이유가 여기에 있다. 무엇이 진짜 일어난 사건인지가 분명하지 않다. 엠마는 자신이 아버지의 명예를 위해 복수한다고 믿지만, 아버지가 정말로 누명을 썼는지는 소설 속에서 사실로 확인된 바 없다. 엠마가 "아버지가 도둑은 로웬탈이라고 맹세했다는 것을 기억"(76쪽)하고 있다고는 하지만 그것은 그 혼자 품고 있는 "비밀"(76쪽)의 기억이다. 게다가 복수를 실행하기 직전, 엠마는 수면제 과다복용으로 아버지가 죽었다는 소식을 전하는 편지를 찢는다. "그러다가 갑자기 화들짝 놀라 벌떡 일어났고 화장대 서랍으로 달려갔다. 그녀는 서랍을 열었다. 전날 밤에 놔두었던 밀튼 실스의 사진 아래 파인의 편지가 있었다. 그 편지를 볼 수 있었던 사람은 아무도 없었다. 그녀는 그것을 읽기 시작했다, 모두 읽고는 찢어 버렸다."(78~79쪽)

아버지의 사망 소식을 전하는 편지를 찢어서 버리는 행위는 엠마가 자신의 삶을 지배하는 서사를 스스로 구상하기로 결심했음을 보인다. 아버지와 관련한 사실이 실제로 무엇인지는 이제 중요하지 않다. 중요한 것은 엠마가 로웬탈이 자신의 아버지에게 누명을 씌웠다는 것을 믿는다는 점이다.[4] 엠마는 "자기가 되려고 하는 사람이 이미 되어 있었다."(76쪽) 따라서 소설을 읽은 후 떠오르는 다음의 물음은 모두 중요하지 않다:

---

4 아버지의 사망 소식을 알리는 편지를 쓴 사람이 '페인'인지 '파인'인지가 애초에 중요하지 않은 이유도 이것이다.(75쪽)

로웬탈이 아버지에게 횡령 누명을 씌운 것은 사실인가? 혹시 아버지가 다른 이유에서 외국으로 도망치면서 로웬탈 핑계를 댄 것은 아닐까?[5] 아버지는 정말로 수면제 과다 복용으로 사망했을까? 혹시 일부러 수면제를 많이 먹고 자살한 것은 아닐까? 엠마가 로웬탈에게 성폭력을 당한 것은 사실인가? 다른 사건이나 다른 사람과 혼동했을 가능성은 없는가? 이런 물음들은 모두 실제로 일어난 사건과 일어나지 않은 사건, 실현된 사태와 실현되지 않은 사태 사이에 종적인 차이가 있다는 전제를 깔고 제기된다. 그러나 보르헤스가 보기에 그러한 차이는 사소한 것이고, 따라서 위의 물음을 던지는 것은 적절하지 않다.

심지어 아버지와의 원만한 관계 자체가 실현되지 않은 사태일 가능성도 있다. 엠마의 독특한 지점 중 하나는 그가 부모를 역겨워한다는 것이다. 엠마는 어머니를 잘 기억하지 못한다. 그에게 어머니는 "떠올리려고 애를"(76쪽) 써야만 떠올릴 수 있는 사람이다. 그리고 놀랍게도 엠마는 복수 계획을 이행하는 와중에 아버지를 자신의 방해꾼으로 생각한다. 아버지는 엠마의 인생 목표인 복수를 오히려 흔들리게 한다. "그녀는 단 한 번 아버지를 생각했고, 그 순간 그녀의 필사적인 목표가 위험에 처했을 것이다."(80쪽) 더 나아가, 자신의 아버지가 어머니와 성관계를 맺는 일을 엠마는 "끔찍"(80쪽)하다고 생각한다. 이와 같은 복합적인 묘사는 엠마가 자신의 부모를 사랑하지 않는다는 점을 드러내며, 이렇게 부모를 싫어하는데

---

5 "모든 사람들에게 아론 로웬탈은 올곧은 사람이었다"(81쪽)라는 문장도 이를 뒷받침한다.

아버지를 위해 복수를 실행하는 일이 어떻게 가능한지를 이해하기는 어렵다. 독자가 복수의 진짜 이유에 다가가는 일은 불가능하다.

소설 속 모든 것은 얽히고설키어 무엇이 진짜이고 가짜인지, 진실이고 거짓인지, 실현된 사태이고 실현되지 않은 사태인지를 판정할 방도가 없다. 로웬탈이 소유하고 엠마가 근무했던 타르부흐&로웬탈 방직 공장이 직조 공장이라는 점, 즉 날실과 씨실을 교차하여 직물을 만들어내는 곳이라는 점은 우연한 배경이 아니다. 보르헤스의 관점에서 보자면, 우리가 사실 또는 실현된 사태라고 믿는 내용은 모두 각자가 직조한 결과물이고, 그렇게 각자 만든 결과물을 사실이라고 믿으면서 사는 것이 우리의 한계 ― 보르헤스라면 '잠재성'이나 '가능성'이라고 말했을 것 같다 ― 이다.

복수 이야기로 돌아오자. 혹시 지금까지도 당신의 머릿속에 '엠마가 복수한 진정한 이유는 무엇일까?'라는 물음이 여전히 떠오른다면 아직 이 작품의 핵심으로 들어오지 못한 것이다. 진정한 이유를 묻는 물음은 실제로 벌어졌던 사태가 무엇인지를 묻는 물음과 같은 맥락에 있는데, 앞서 말했듯 실현된 사태와 실현되지 않은 사태 사이의 차이는 중요하지 않으므로, 진정한 이유를 찾는 것은 불가능할뿐더러 무의미하다.[6] "주변

---

6 엠마가 로웬탈을 죽인 이유와 엠마가 로웬탈을 죽인 후 읽은 고소문은 내용이 다르다. 후자를 먼저 보자면, 엠마는 로웬탈을 죽인 후 "나는 우리 아버지의 복수를 했고, 따라서 나는 처벌받지 않을 것이다"(83쪽)라고 말한다. 이때 복수의 이유는 아버지에게 있다. 하지만 앞서 보았듯 엠마는 "자기가 겪었던 모욕에 대해 벌주는 것이 (아버지에 대한 복수를 하겠다는 절박한 마음보다 급하다"(83쪽)고 느끼기도 한다. 이때 복수의

정황과 시간, 그리고 한두 개의 이름들만이 거짓"일 뿐, "엠마 순스의 말투는 진실이었고, 그녀가 느낀 수치심도 사실이었고, 그녀의 증오도 진실"(84쪽)이었기 때문이다. 중요한 것은 '복수의 진정한 이유는 무엇인가?'가 아니라 '복수 또는 살인을 위해 엠마는 무엇을 믿는가?'이다.

나는 「엠마 순스」에도 보르헤스의 인식론적 형이상학적 입장이 담겨 있다고 말했다. 그 점을 정리하면서 마무리하자. 인식론적 입장, 즉 앎이나 믿음과 관련한 보르헤스의 입장은 이렇게 정리할 수 있다: 믿음의 내용이 실제 벌어진 사태와 일치한다는 의미의 참인지는 중요하지 않다. 우리는 실현되지 않은 사태도 믿을 수 있다. 형이상학적 입장, 즉 있음 내지 있는 것과 관련한 입장은 이렇게 정리할 수 있다: 일반적 상식은 실현되지 않은 사태는 없는 사태이고, 따라서 아무런 중요성을 가지지 못한다고 말한다. 그러나 실현되지 않은 사태는 그것이 믿음의 대상이 될 수 있다는 점을 감안한다면 어떤 의미에서 분명히 있다. 이러한 함의에 비추어보면, 「엠마 순스」는 보르헤스의 독특한 인식론적 형이상학적 입장을 복수극의 형식에 담은 독특한 작품이 된다.

이유는 엠마 자신에게 있다.

" 확장 "

첫 번째 확장

나에게 해를 가한 사람에게 사적으로 복수할 수도 있고, 공적 처벌이 이루어지도록 요청할 수도 있다. 「엠마 순스」의 엠마 순스와 〈존 윅〉(2014)의 존 윅은 전자를 택하며, 〈장화홍련전〉의 장화와 홍련은 후자를 택한다. 무엇이 더 나은 선택지인가?

예)

- 내가 보기에는 장화와 홍련의 선택지가 더 낫다.
  왜냐하면 사적 복수에는 공적 처벌에 수반되는 객관적 진상 규명의 과정이 결여되어 있기 때문이다.

- 내가 보기에는 (엠마와 존/장화와 홍련)의 선택지가 더 낫다.
  왜냐하면 _____
  _____ 때문이다.

두 번째 확장

나는 내가 믿는 명제가 참이라고, 참이기 때문에 내가 그 명제를 믿는다고 생각한다. 하지만 그 명제가 정말 참이라고 자신할 수 있는가? 나 자신이 사태를 직조하고 그렇게 직조한 사태를 사실로 믿고 있을 가능성은 없는가?

예)

- 내가 믿는 명제가 내가 직접 직조한, 조작한, 만든 사태를 반영할 가능성은 있다.
  왜냐하면 자신의 감정이나 선입견에서 벗어나 판단할 능력이 나에게는 없기 때문이다.

- 내가 믿는 명제가 내가 직접 직조한, 조작한, 만든 사태를 반영할 가능성은 (있다/없다).
  왜냐하면 _____
  _____ 때문이다.

" 심화 질문 "

「엠마 순스」에 따르면, 모든 명제는 잠재적으로 참이다. 실현된 사태와 일치하든 실현되지 않은 사태와 일치하든, 아무튼 사태와 명제의 일치는 늘 일어날 터이기 때문이다. 그러나 상식은 실현되지 않은 사태와 일치하는 명제는 참이 아니라고 말한다. '도서출판 b는 건축사무소이다'는 가능한 사태일지언정 분명히 거짓 명제이다. 하지만 나를 비롯한 많은 이가 '도서출판 b는 건축사무소이다'를 믿고 그 실현을 위해 노력한다면 언젠가 '도서출판 b는 건축사무소이다'는 참이 될 수도 있다. 우리는 참인 명제를 믿는가, 아니면 우리가 믿는 것이 참인가? 참/거짓의 여부와 믿음/믿지 않음의 여부는 상호 독립적인가, 아니면 어떤 연관 관계를 맺는가?

아홉 번째 우물

타자 안에 있는 나, 내 안에 있는 타자

—「알모타심에게 다가가기」
El acercamiento a Almotásim

호르헤 루이스 보르헤스, 「알모타심에게 다가가기」,
『픽션들』, 송병선 옮김(민음사, 2011), 40~50쪽.

" 작품 요약 "

　소설 속 화자는 인도 봄베이[1] 출신인 변호사 미르 바하두르 알리가 쓴 『알모타심에게 다가가기』라는 소설을 소개하고 평가한다. 소설의 주인공인 한 법대생은 이슬람교도와 힌두교도 사이에서 벌어진 폭동을 피해 변두리로 도망치고, 그때를 기점으로 이전의 생활에서 벗어나 긴 여행을 시작하며 다양한 경험을 한다. 그러다가 주인공은 여정 중에 만난 한 비천한 사람이 그 자신의 친구를, 또 그 친구의 친구를 반영한다는 점을 깨닫고, 이 깨달음과 동일한 사람, 곧 '알모타심'이라는 이름의 인물을 찾아 떠난다. 결국 주인공은 알모타심이 있는 곳에 도착하는데, 알모타심이 커튼 뒤에 숨어서 모습을 드러내지 않은 채 주인공에게 안으로 들어오라고 권하면서 소설은 끝이 난다. 이러한 내용이 담겨 있는 『알모타심에게 다가가기』는 다른 저자가 쓴 『새들의 회의』라는 작품과 유사한 측면이 있다고 화자는 덧붙인다.

1　'봄베이'는 1995년에 '뭄바이'로 이름을 바꾸었다.

" 독법 1 "

「알모타심에게 다가가기」[2] 속 화자는 봄베이 출신의 변호사 미르 바하루드 알리가 쓴 『알모타심에게 다가가기』를 소개하고 평가한다.[3] 여기서 중요한 것은 판본에 따라 평가가 갈린다는 데 있다. 『알모타심에게 다가가기』는 두 개의 판본으로 출판되었다. 1판은 1932년에 나왔고, 2판은 1934년에 나왔으며, 1판에 대해서 "《계간 봄베이》, 《봄베이 관보》, 《캘커타 리뷰》, 알라하바드에서 발행하는 《힌두스탄 리뷰》, 그리고 《캘커타 잉글리시맨》 등은 찬사를 아끼지 않았다."(41쪽) 그러나 소설 속 화자는 1934년에 나온 2판만 가지고 있는 바람에 "그 판본보다 훨씬 우수할 것이라고 추측되는 초판본"(42쪽)을 손에 넣지 못한 것을 못내 아쉬워한다.

2판에 비해 1판이 어떤 점이 우수한지를 짚고 갈 필요가 있다. 화자는 2판에는 종교적 초자연적 색채가 지나치게 강하

---

2 한국어 번역본에 쓰인 '알모타심으로의 접근'이라는 소설명에서 설명을 시작하는 편이 좋겠다. '알모타심으로의 접근'이라는 제목은 '알모타심'이라는 이름의 지역이 있고 주인공이 그 지역에 접근하는 모습을 떠올리게 하지만 막상 소설의 내용은 그렇지 않다. '알모타심'은 어떤 사람의 이름이며, 소설 속 주인공이 그에게 점차 다가가는 여정이 소설 속 『알모타심으로의 접근』의 줄거리이다. 그렇기에 '알모타심으로의 접근'보다는 '알모타심에게 다가가기'나 '알모타심에게 가까이 가기'가 더 나은 번역이겠다.

3 보르헤스의 이 소설과, 이 소설이 논하는 소설 속 소설(미르 바하루드 알리가 썼다고 하는 소설)은 제목이 같다. 혼란을 막고자 보르헤스의 작품은 홑낫표를 활용하여 ·「알모타심에게 다가가기」로, 「알모타심에게 다가가기」에서 화자가 논평하는 작품은 겹낫표를 활용하여 ·『알모타심에게 다가가기』'로 표기한다.

다고 말한다. 1판에는 "초자연적 설명이 극히 드물"(47쪽)지만, 2판에서 "이 소설은 알레고리로 전락"(47쪽)한다. 알레고리는 이야기 뒤에 어떤 정신적 도덕적 의미가 암시되어 있음을 의미하며, 따라서 소설이 알레고리가 되었다는 것은 그 소설이 더는 사실적이지 않다는 것과 같다. 즉, 주인공이 알모타심을 찾아 떠나는 여정은 1판에서는 문자 그대로 여정을 뜻하지만, 2판에서 그 여정은 실제 여정이 아니라 무언가 종교적이거나 초자연적인 경험을 뜻한다.

알모타심을 찾아가는 여정의 의미가 판본에 따라 다르니, 알모타심이 누구인지 역시 판본에 따라 다르겠다. 상대적으로 우수하지 않은 2판을 먼저 보자면, 2판에서 알모타심은 "하느님의 표상"(47쪽)이다. 알모타심은 신으로 간주되며, 주인공이 알모타심에게 다가가는 과정은 평범한 인간이 신에게 다가가는 과정이 된다. 종교적 도덕에서 신자가 신을 닮음으로써 도덕성을 확보하고자 하는 것은 흔한 일이다. 그렇지만 「알모타심에게 다가가기」 속 화자는 그러한 방식을 어리석은 것으로 간주한다. 애초에 신을 제대로 이해하는 이조차 단 한 사람도 없다. 혹자는 "그의 피부가 검다"고 하고, 혹자는 "그가 탑 위에서 두 팔을 활짝 벌리고 있"다고 하며, 혹자는 그가 "야크의 버터[4] 같은 형상처럼 앉아" 있었다고 한다.(47쪽)[5]

---

4 '야크의 버터'는 야크에서 얻은 젖으로 만든 버터를 말한다. 버터는 특정한 형태를 취하지 않는다. 그러니 알모타심이 버터처럼 생겼다는 말은 그의 모습이 특정하게 정해지지 않았음을 뜻한다.

5 고대철학자 크세노파네스의 언급을 떠올리게 한다. "아이티오피아 사람들은 자신들의 신들이 코가 낮고 피부가 검다고 말하고, 트라키아인들은 자신들의 신들이 눈이 파랗고 머리카락이 붉다고 말한다."(DK21B16)

이처럼 신에 대한 서술이 각양각색이라는 점은 사람들이 신으로서의 알모타심을 제대로 이해하지 못했다는 점을 뜻한다.

여기서 오해하지 않아야 할 것이 있다. 사람들이 신으로서의 알모타심을 제대로 이해하지 못했다는 말은 '알모타심이 초월적인 신인데 그를 잘못 이해했다'가 아니라 '알모타심을 초월적인 신으로 간주하면 그를 제대로 이해할 방도가 없다'를 의미한다. 알모타심에게 신성이 있는 것은 맞다. 그렇지만 그 신성을 종교적이고 초자연적인 존재자에게 있는 속성으로 간주하는 것은 그를 "지루한 과장의 말로 뒤범벅된 인물"(47쪽)로 만든다. 전통적인 신에 대한 서술들 — 전지전능하다, 절대적으로 선하다 등 — 을 떠올릴 수 있겠다. 제대로 된 작품이라면 알모타심이 "실제의 인물이라는 인상을 우리에게 남겨 주어야"(47쪽) 하며, 이것이 바로 1판의 특징이라는 것이 화자의 진술이다. 주인공의 여정을 "영혼이 신비적 충만감으로 승화하는 과정"(47쪽)으로 그린다는 점에서 2판은 1판보다 가치가 떨어진다.[6]

"소들, 말들, 그리고 사자들이 손을 갖는다면, 또한 손으로 그림을 그리고 사람이 만드는 것과 같은 작품을 만들어낼 수 있다면, 말들은 말들과, 소들은 소들과 유사한 신의 모습을 그릴 것이고, 각기 자신들이 가지고 있는 것과 같은 형체를 만들 것이다."(DK21B15) 인용 표기 속 'DK'는 헤르만 알렉산더 딜스Hermann Alexander Diels가 1903년에 출판하고, 발터 크란츠Walther Kranz가 1934년에 개고한 『소크라테스 이전 철학자들의 단편Die Fragmente der Vorsokratiker』을 말한다. 'Diels'와 'Kranz'에서 한 글자씩 딴 약자이다. 한국어 번역은 정암학당의 것을 따랐다.

6 소설 속 화자는 『알모타심에게 다가가기』에 대한 두 서평을 언급하면서 "두 사람은 똑같이 (…) 이 작품의 밑바탕에 흐르고 있는 신비주의적 속성을 언급하고 있다. (…) 우리는 이제 그렇지 않다는 것을 확인해 보려고 한다"(41쪽)라고 말한다. 이 진술은 알모타심을 신비적인 존재자

1판에서는 알모타심을 어떻게 기술하는가? 그 실마리는 '알모타심'이라는 이름의 의미에서 얻을 수 있다. '알모타심 Al-Mu'tasim'이라는 이름은 "어원학적으로 볼 때 '도움을 구하는 자'"(48쪽)이다. 도움을 구하거나 요청하는 것이 우리가 생각하는 신적 존재자의 특징이 아님은 분명하다. 신은 우리에게 도움을 주는 존재자이지, 우리에게 도움을 요청하는 존재자가 아니다. 알모타심에게 신성이 있을지언정 그는 전지전능한 신이 아니고, 그러니 주인공이 그를 찾아가는 여정은 어떠한 의미에서도 신비적이지 않다.[7] 이러한 사항을 간과한 채 2판에서처럼 알모타심을 종교적이고 초자연적인 존재자로 간주하는 일은 "얼토당토않은 신학"(48쪽)을 야기할 따름이다.

여기까지의 서술을 통해 우리는 알모타심이 신성을 가진 존재자이기는 하지만 그렇다고 우리가 흔히 생각하는 신이 아님을, 따라서 알모타심에게 다가가는 여정 역시 신비적인 것이 아님을 알게 되었다. 1판에는 이 점이 잘 반영되어 있으며, 2판에는 이 점이 왜곡되어 있다. 소설 속 화자는 이러한 의미의 세속적 이해가 『알모타심에게 다가가기』를 제대로 해석하는 데 필수적이라고 본다. 그렇기 때문에 『알모타심에게 다가가기』 같은 줄거리를 "제대로 전개하기 위해서는 두 가지 조건"이 필요한데, 그중 하나가 "징후에 의해 예시된 주인공이 단순한

로 그리고, 그를 찾아가는 여정을 신비화하는 묘사가 잘못되었음을 다시 한번 드러낸다.
[7] 알모타심의 바로 앞에 있는 선조가 대단한 사람이 아니라 "예의 바르고 행복한 페르시아의 한 서적상"(46쪽)이라는 서술도 이를 뒷받침한다.

환영이나 관례가 되지 않게 하는 것"이다.(46쪽) "'알모타심'이라는 사람'은 약간 상징적인 성격을 띠고 있지만 개인적인 특성"(47쪽)도 지닌다. 요컨대, 알모타심에게 다가가는 것은 실제로 가능하며, 그렇게 다가가는 방식은 사람마다 다양하다.[8] 이를 무시한 채 "단 하나의 유일신"(47쪽)을 모색하는 것은 신을 닮는다는 것의 진정한 함의를 놓치게 한다.

---

8   신을 닮는 과정, 정확히 말하자면 우리 안의 신성을 계발하는 과정, 더 정확히 말하자면 우리 안의 인간적 한계를 극복하는 과정은 우리 각자가 스스로 해야 하는 일이기에 소설 속에서 주인공의 "이름은 절대 언급되지 않"(42쪽)는다. 이름이 들어가는 자리는 빈칸이며, 우리 각자가 그 자리에 자신의 이름을 쓰면 된다.

" 독법 2 "

신에게 다가간다는 것, 신을 닮는다는 것의 진정한 함의를 말하기에 앞서, 『알모타심에게 다가가기』에 대한 상이한 논평을 살펴보자. 이 작품이 처음 발표되었을 때 어떤 두 평론가는 "미르 바하두르 알리 작품의 탐정 소설 기법을 지적"(41쪽)했다고 한다. 그들이 보기에 『알모타심에게 다가가기』는 탐정 소설이다. 주인공이 알모타심이라는 미지의 인물을 찾아 떠나니 말이다. 하지만 소설 속 화자는 "그렇지 않다는 것을 확인"(41쪽)해 보겠다고 한다. 화자가 보기에 『알모타심에게 다가가기』는 탐정 소설이 아니다. 그렇다면 주인공이 알모타심을 찾아 떠나는 것은 어떻게 설명될 수 있는가? 여기에 이 작품을 이해하는 실마리가 있다.

『알모타심에게 다가가기』 속 주인공이 알모타심을 찾는 이유에서 시작하자. 주인공은 자신이 속한 공동체의 종교인 이슬람교를 부정하였고, 이슬람교도와 힌두교도 사이에서 벌어진 폭동[9]에 휘말린다. 몇 가지 일을 더 겪은 후 그는 인도에서 자취를 감추기로 결정하고, 처음에는 알모타심이 아니라 '말카산시'라는 이름의 여자를 찾아 떠난다. 대학생이었던

---

9   이 폭동이 일어난 날은 "무하람의 월력으로 열 번째 달이 기우는 밤"(42쪽)이다. 이 밤에는 종교적 중요성이 있다. 기독교의 측면에서 보자면 모세가 파라오의 억압을 피해 홍해를 건넌 날이자, 노아의 방주가 땅에 닿은 날이다. 이슬람교의 측면에서 보자면 시아파 최대 종교 행사인 '아슈라Ashura'를 지칭하는 동시에 무함마드의 손자인 이맘 후세인이 처형된 날이기도 하다. 이러한 상징성은 이날의 사건이 앞으로 주인공에게 근본적 변화를 가져오리라는 점을 예상하게 한다.

주인공이 무법천지의 세계를 헤쳐 나가는 여정은 행복한 일이 아니었기에 그는 늘 불행을 느꼈으나, "불행이 경감되고 있다"(45쪽)는 느낌을 처음으로 받는 시점이 있었으니, 그것은 "혐오스러운 사람들 중 하나에게 사랑과 찬양과 침묵의 순간을 느끼"(45쪽)는 순간이었다. 주인공은 자기 앞에 있는 어떤 이가 자신보다 비천하고 혐오스러운 사람이기는 하지만,[10] 그 사람이 "한 친구, 또는 한 친구의 친구를 반영"한다는 점을 깨달은 뒤 "이 깨달음과 동일한 누군가"(45쪽), 즉 알모타심을 찾아 떠난다.

우리는 내가 더 나은 나로 존재하려면 타자와의 비교 후 내가 그 타자보다 우월해야 한다고 생각한다. 그러나 소설 속 화자는 달리 생각한다. 내가 더 나은 나로 존재하려면 나는 타자와의 관계 속에서 그를 내 안에 반영해야만 한다. 이제 우리는 왜 알모타심이 '도움을 구하는 자'인지를 이해할 위치에 있다. 도움을 구하는 자만이 홀로 존재하지 않으면서 타자와 관계를 맺고, "다른 사람의 패배를 고소해하지"(48쪽) 않으며, "불행한 사람의 영혼 속으로 들어가 그를 위로하거나 가르침을 전할 수 있"(49쪽)다. 그런 점에서 「알모타심에게 다가가기」와 『알모타심에게 다가가기』는 개인의 도덕적 성장이, 고립된 상태에서 이루어지는 명상이나 금욕이 아니라 타자와의 상호 작용을 통해서만 이루어질 수 있다고 말한다.

---

10 주인공이 법대생으로 설정되어 있다는 데 유념할 필요가 있다. 법대생은 어느 사회에서든 특권적인 위치를 점유하며, 법관은 다른 이와의 거리를 유지하면서 판단하는 사람일 따름이다. 법은 어떤 의미에서 사람에게 적용되기만 할 뿐 사람을 반영하거나 이해하지 않는다.

『알모타심에게 다가가기』가 탐정 소설이 아닌 이유가 여기에 있다. 주인공이 모색하는 바가 삶의 의미를 찾거나 도덕적 성장을 이루려는 것임을 고려할 때, 애초에 주인공은 자기 자신이 아닌 다른 모범적인 인물을 찾아 떠난 적이 없다. 도덕적 성장은 타자를, 특히 자신에 못 미치는 타자를 자신 안에 반영하는 데에서 이루어지는 까닭에, 주인공이 더 나은 인간이 되기 위해 직접 만나 모델로 삼아야 하는 타자는 없다. 자기 자신이 특별한 존재자가 아니라 타자와 마찬가지로 비천한 존재자임을 깨닫고, 이를 기반으로 타자를 자신 안에 반영할 때야 우리는 신적 존재자가 될 수 있는 것이다.[11] 알모타심은 주인공의 밖에 있는 누군가가 아니다. 붓다가 깨달음을 통해 석가모니가 되었듯, 이를 깨달은 주인공 자신이 곧 알모타심이다.[12]

도덕적 삶은 속세와 동떨어져 고결하게 사는 것이 아니라 고결하지 않은 사람을 수용하고 이해하는 것이다. 사실 '고결하지 않은 사람'이라는 표현을 쓰는 것 자체가 어불성설이다.

---

11 반복하여 강조하지만, 인간이 신적 존재자가 된다거나 인간이 자기 안의 신성을 계발한다는 것은 유한한 인간이 무한한 신이 된다는 것이 아니다. 어떤 개인이 우주의 법칙이나 역사의 방향을 깨닫는 등 전지전능해지는 것이 아니다. 도덕적 성장을 통해 인간의 한계에 머무르지 않는다는 것이 그 실제 내용이다. 이를 잘못 이해하면 문학과 철학은 사이비 종교가 되어버리며, 국내 인문학 도서 중 이러한 사례를 몇몇 찾을 수 있다.
12 소설 속에서 알모타심은 자신의 모습을 드러내지 않는다. 그는 "끝에는 문 한 개와 수많은 구슬이 달린 싸구려 커튼이 쳐 있으며, 뒤로는 강렬한 빛이 비치는"(46) 진열실 안쪽에 있다. 주인공이 알모타심을 만나는 것이 아니라 주인공이 알모타심이 되는 것이기 때문에 알모타심은 주인공과 별개의 모습으로 나타날 수 없다.

주인공이 폭동의 밤에 만난 시체 도둑이 주인공을 바라보면서 "어쨌거나 (…) 우리 두 사람처럼 천한 놈들"(43쪽)이라고 말하는 것은 우리 모두가 어떤 측면에서는 모두 고결하지 않은 평범한 또는 비천한 사람이라는 점을 알려준다. 주인공 역시 여정 내내 "맹인 점성가의 죽음에 관해 이야기"하고, "간음을 하며", "사람을 죽"인다.(44~45쪽) 우리는 모두 그렇고 그런, 크게 다를 바 없는 사람이다.

그와 같은 평범함이 우리를 범속한 존재자에 머무르도록 하는 제약이 되지는 않는다. 알모타심에게 다가가는 여정, 즉 자기 자신을 더 나은 도덕적 존재자로 개선하는 여정은 "한 영혼이 다른 영혼들에게 남긴 미묘한 반영을 통해 그 영혼을 하염없이 찾아가는 작업"(45~46쪽)이며, 그러한 작업을 통해 우리는 알모타심을 더욱 내적으로, 친밀하게, 자신 안에서 더욱 많이 알게 되기 때문이다.[13] 그리고 이러한 과정은 일종의 "오름차수 수열"(46쪽)과 같다. 자기 앞의 두 수를 합하면서 진행되는 {1, 1, 2, 3, 5, 8 …}의 형태를 취하는 피보나치수열이 그러하듯, 우리는 타자를 반영하면서 점차

---

13 우리가 알모타심을 더 "많이" 알게 됨에 따라 "알모타심이 지닌 신성의 크기는 점점 커져 간다"라는 번역문은 오역이다(46쪽). '더 많이'로 번역된 표현은 'más de cerca', 즉 'nearer'이며, 영어 번역본에서는 'more intimately'로 번역되었다. 가까워진다는 뉘앙스가 꼭 들어가야 한다. 그리고 신성을 가진 주체는 알모타심이 아니라 'los hombres', 즉 'men'이다. 점점 커져 가는 신성을 가지는 주체는 알모타심이 아니라 평범한 '사람들men'이다. '법대생의 질문을 받은 사람들이 알모타심을 점점 더 가까이에서 알게 됨에 따라 그 사람들이 지닌 신성의 크기는 점점 커져 간다'를 대안 번역문으로 제안한다. 스페인어 원문은 "A medida que los hombres interrogados han conocido más de cerca a Almotásim, su porción divina es mayor (…)"이다.

'커진다.' 그리고 이렇게 서로가 서로를 반영한다는 점에서 우리는 "거울"(46쪽)에 다름 아니다.

평가를 마치면서 소설 속 화자는 『알모타심에게 다가가기』가 페르시아의 신비주의 시인 파리드 알딘 아부 탈립 무하마드 벤 이브라힘 아타르가 쓴 『새들의 회의』와 유사하다고 말한다. 『알모타심에게 다가가기』는 탐정 소설과는 접점이 없고 『새들의 회의』와는 접점이 있다는 지적이다. 『새들의 회의』에서 서른 마리의 새는 '시무그르'라는 이름을 가진, 새들의 왕을 찾아 떠난다. 서른 마리의 새는 이런저런 역경을 거친 후에 시무르그가 살고 있는 산에 도착하여 마침내 자신들의 왕을 바라보는데, 그 순간 그들 자신이 사실은 시무르그라는 점을 깨닫는다. 왕을 찾아 떠났으나 결국 자기 자신이 왕임을 깨달았다는 이야기는, 알모타심을 찾아 떠났으나 결국 자기 자신이 알모타심임을 깨달았다는 이야기와 동일하다.[14]

이제까지의 이야기를 이렇게 정리할 수도 있다. 『알모타심에게 다가가기』에서는 찾는 주체와 찾는 대상이 동일하다. 알모타심을 찾는 주인공과 주인공이 찾는 알모타심은 하나이다. 시무르그를 찾는 서른 마리의 새들 각각과 이들 새가 찾는 시무르그는 동일하다.[15] 결국 도덕적 성장은 나와 나 아닌 것을 구별하는 일 자체가 무의미함을 깨닫는 데에서, 즉 나는 타자와 동일하고, 타자는 나와 동일하다는 점을 인식하

---

14 애초에 '시무르그'라는 이름의 의미가 "서른 마리의 새"이고, '알모타심'이라는 이름의 의미는 '도움을 구하는 자'라는 점을 참고할 수 있다.
15 소설의 수준에서 보자면 논평하는 주체와 논평되는 대상도 동일하다. '알모타심에게 다가가기'라는 이름의 소설이 '알모타심에게 다가가기'라는 이름의 소설을 논평하고 해설하는 형식이니 말이다.

는 데에서 성립한다. 소설 속 각주에서 인용된 고대철학자 플로티노스의 문장도 같은 말을 한다. "지성이 인지할 수 있는 모든 천국에서 모든 것은 모든 곳에 존재한다. 그 어떤 것이건 모든 것이다. 태양은 모든 별들이며, 각각의 별은 모든 별들이며 태양이다."(50쪽)

내 안에 어느 정도까지 타자를 반영해야 나는 알모타심이 될 수 있을까? 도덕적으로 완성되는 시점이란 없을 테니 그러한 과정은 무한히 이어질 것이다. "시간의 끝까지, 아니, 끝없이 그 과정이 이어지거나, 아니면 이 모든 것이 아마도 주기적으로 순환할 것"(47~48쪽)이다. 선형적으로 이어지든 순환적으로 이어지든 간에 타자를 반영하는 일에는 마침표가 찍힐 수 없다. 알모타심을 설명할 때 '8'이라는 숫자가 반복적으로 등장한다. '알모타심'은 "여덟 번의 전쟁에서 이기고, 아들 여덟 명과 딸 여덟 명을 낳았으며, 팔천 명의 노예들을 남겼고, 왕국을 여덟 해 여덟 달 여드레 동안 통치했던 아바시드 왕조의 여덟 번째 왕의 이름"(48쪽)이다. '8'을 옆으로 눕히면 그것은 '∞', 즉 무한대이다.

" 확장 "

첫 번째 확장

엄밀히 말하자면 '인간의 신성'이라는 표현은 성립하지 않는다. 일반적인 용례에서 인간과 신은 구별되고, 인간이 유한한 존재자인 반면 신은 인간이 이해하거나 접근할 수 없는 초월적인 존재자로 상정되기 때문이다. 이를 감안했을 때 인간 안에 있을 수 있는 신성의 구체적인 의미는 무엇인가? '인간이 신을 닮는다'는 말을 어떻게 이해해야 그 닮음의 측면을 실현 가능한 것으로 구체화할 수 있는가?

예)

- 인간에게 있는 신성이란 타자를 고려할 수 있는 마음가짐이다. 왜냐하면 자기 보존이라는 자연적 욕구를 억누르며 타자를 고려하는 것은 인간에게 본래 주어진 것 이상의 노력을 요구하기 때문이다.

- 인간에게 있는 신성이란 _____
  _____ 이다.
  왜냐하면 _____
  _____
  _____ 때문이다.

두 번째 확장

「알모타심에게 다가가기」에서 말하기를, 신에게 다가간다는 것은 결국 자기 자신에게 돌아온다는 것이고, 그 구체적인 방도는 타자를 자신 안에 반영하는 것이다. 타자를 반영한다는 것의 정확한 의미는 무엇인가?

예)
- 타자를 반영한다는 것은 타자와 나 사이에 일종의 '등급 차이'가 없음을 인정하는 것이다.

- 타자를 반영한다는 것은 _____
_____
_____ 이다.

" 심화 질문 "

「알모타심에게 다가가기」는 타자를 반영함으로써 내 안의 신성을 실현할 수 있다고 말한다. 그런데 자기 자신의 도덕적 성장을 위해 타자를 반영하는 것은 자기 자신을 위해 타자를 이용하는 이기적인 행위이지 않은가? 허울에 그치지 않는 진정한 타자의 반영은 가능한가? 또한 소설 속 주인공이 법대생이 아니라 소설에서 비천하다고 간주되는 범주의 사람이라면 그의 도덕적 성장은 어떻게 이루어질 수 있는가? 도덕적 성장은 자신보다 상대적으로 비천한 사람이 있는 경우에만 가능한가? 애초에 소설이 '비천함'을 통해 말하고자 하는 바는 무엇일까?

열 번째 우물

물질적인 것과 비물질적인 것, 그리고 희망
―「틀뢴, 우크바르, 오르비스 테르티우스」
Tlön, Uqbar, Orbis Tertius

호르헤 루이스 보르헤스, 「틀뢴, 우크바르, 오르비스 테르티우스」
『픽션들』, 송병선 옮김(민음사, 2011), 11~32쪽.

" 작품 요약 "

  화자는 지인과 일인칭 화자에 대한 대화를 나누다가, 『영미 백과사전』이라는 잘못된[1] 제목을 달고 있는 『브리태니커 백과사전』에서 '우크바르' 항목을 찾아보면 도움이 될 것이라는 말을 그에게서 듣는다. 지인이 가지고 있는 백과사전에는 '우크바르' 항목이 있지만, 화자 자신이 가지고 있는 같은 백과사전에는 '우크바르' 항목이 없는 바람에 화자는 자신이 원하는 정보를 얻는 데에는 실패한다. 하지만 지인의 백과사전을 통해 우크바르 문학에서 언급되는, '틀뢴'이라는 상상 속의 지역을 알게 된다. 이후 화자는 다른 지인이 놓고 간 '오르비스 테르티우스'라는 이름의 『틀뢴 제1백과사전 11권 — Haler에서 Jangr까지』에서 틀뢴에 대한 정보를 여럿 얻는다. 그중에서도 화자는 아홉 개의 동전에 관한 역설에 유달리 관심을 기울이며, 그 역설에 담긴 관념론의 내용과 영향을 서술한다.

---

1 번역본에는 "헷갈리는 제목"이라고 되어 있는데 그게 아니라 '잘못된 제목'이다(11쪽). '잘못된'에 해당하는 스페인어 원문은 부사 'falazmente', 그러니까 영어 단어 'fallaciously'이다. 형용사 '헷갈리는'에 해당하는 스페인어 단어는 'confusa'이다.

" 독법 1 "

설명을 시작하기 전에 두 가지를 명시하고자 한다. 첫째, 이 원고가 설명하는 영역은 제한되어 있다. 「틀뢴, 우크바르, 오르비스 테르티우스」라는 작품은 두 개의 부분으로 이루어져 있다. 하나는 같은 이름의 본문이며, 다른 하나는 〈1947년에 쓰인 후기〉이다. "변증법적 유물론, 반유태주의, 나치즘"(38쪽) 같은 표현이 등장하는 것에서 알 수 있듯, 후기는 어느 정도 직접적인 방식으로 정치적인 사안을 다룬다. 이와 달리 본문에서는 그러한 표현을 거의 찾아볼 수 없다. 따라서 본문만 해석의 대상으로 담을 때의 해설과, 본문과 후기를 함께 해석의 대상으로 삼을 때의 해설은 사뭇 달라진다. 이 원고는 본문에만 초점을 맞춘다.

둘째, '틀뢴', '우크바르', '오르비스 테르티우스'라는 낯선 표현이 각기 의미하는 바를 짚고 갈 필요가 있다. '우크바르'는 이라크 내지 소아시아 어딘가에 있는 지역이다. 실제로 찾을 수는 없지만 지구상의 한 지역에 해당한다. '틀뢴'은 우크바르의 환상 문학에서 언급되는 상상 속의 지역이다. 이를테면 『앨리스 인 원더랜드』에서 앨리스가 돌아다니는 원더랜드 같은 곳이다. '오르비스 테르티우스'는 틀뢴에서 나온 백과사전의 이름이다. 영국에서 나온 브리태니커 백과사전의 '브리태니커' 같은 것이다. 정리하자면 이렇다. 소설 속 화자의 지인이 가지고 있는 백과사전에 등장하는 지구상의 한 지역이 우크바르이고, 그곳의 문학 작품에 등장하는 상상 속의 행성이 틀뢴이며, 틀뢴에서 출판된 백과사전의 이름이 오르비스 테르티우스이다.

자, 이제 작품으로 들어가고 싶지만 들어갈 수 없다. 해설을 시작하면서 이렇게 말할 수밖에 없다는 것이 유감이나, 「틀뢴, 우크바르, 오르비스 테르티우스」에는 보르헤스의 그 어떤 작품에서보다도 철학자가 많이 등장하며, 그들의 사상이 아무런 안내 없이 자유롭게 등장한다. 그렇기에 이 작품을 이해하는 데에는 일정 수준의 배경 지식이 요구된다. 해설의 전반부에서는 그러한 배경 지식을 제공하고, 작품 해설은 후반부에 제시하겠다.

철학, 특히 형이상학에서 가장 중심이 되는 물음 가운데 하나는 '무엇이 있는가?'이다. 얼핏 보면 이 물음은 그 의도조차 파악하기 어려운, 불필요한 물음인 것만 같다. 우리가 오감을 활용하여 지각할 수 있는 사물들이 있다는 것이 명확하니 말이다. 내가 눈으로 보고 있는 이 인쇄물, 내가 앉아 있는 이 의자, 무엇보다도 나 자신이 있는 것 ─ 즉, 존재자 ─ 의 사례라는 점은 분명하다. 다시 말해, 시공간을 점유하고 있는 사물은 분명히 있다.

그러나 시공간을 점유하는 것만 존재자의 사례일까? 우리가 느끼는 감정을 생각해 보자. 사랑, 미움, 기쁨, 슬픔 같은 감정은 분명히 있다. 그러나 그와 같은 감정들이 시공간을 점유하면서 있지는 않다. 감정을 느끼는 사람이야 시공간을 점유하겠지만 감정 자체는 시공간을 점유하지 않는다. 그렇다고 사랑이나 미움 같은 감정이 존재하지 않는 것은 아니다. 자유나 속박 같은 상태는 어떤가? 그러한 상태 역시 시공간을 점유하지 않지만 분명히 존재한다. 셜록 홈스나 울버린 같은 허구의 인물은 어떤가? 허구의 인물 역시 실제 인물과는 다르지만 어떠한 의미에서는 존재한다. 과거에 이미 벌어졌고 지금은 지나가 버린 사건도 어떠한 의미에서는 존재한다.

몇 가지 사례를 들어보니 존재자의 목록을 짜는 일이 예상보다 어렵다는 점을 알게 된다. 고대부터 수많은 철학자가 '무엇이 있는지'를 확정하고자 노력했으며, 그들 중 「틀뢴, 우크바르, 오르비스 테르티우스」에 등장하는 철학자 세 명을 소개한다. (엘레아학파와 라이프니츠도 나오지만 이들은 고의적으로 누락한다.)

처음으로 언급할 인물은 데이비드 흄이다.(21쪽) 흄은 18세기에 살았던 영국 철학자이며, 경험주의를 주창한 것으로 잘 알려져 있다. 여기서 경험은 곧 감각 경험이고, 대부분의 경우 우리는 시공간을 점유하는 사물을 감각하기 때문에, 흄은 우리가 일상적으로 경험하는 중간 크기의 대상이야말로 있는 것에 해당한다고 본다. 그가 보기에 자유, 인과, 사랑 같은 것은 인간이 만들어낸 인공물이다.

이 소설에는 조지 버클리도 나온다.(21쪽) 버클리는 흄과 동시대를 살았던 주교이자 철학자이며, 흄과 같은 경험주의 노선에 속한다. 버클리는 경험주의를 더 극단적으로 밀어붙여 우리가 경험하는 것은 사물이 아니라 그 사물에 대한 관념이라고 주장한다. 여기서 '관념'은 '고정관념'이나 '관념에 빠져 있다' 같은 표현에 담겨 있는 '고정된 생각'이나 '현실에서 유리된 생각' 등을 뜻하지 않는다. 주관의 머릿속에 담겨 있는 상象, 다른 표현으로는 이미지에 해당하는 것이 관념이다. 내가 '은행나무'라고 말하면 당신의 머릿속에 어떤 시각적 상이 떠오를 것이고, '매콤함'이라고 말하면 그때도 어떤 미각의 이미지가 떠오를 것이다. 이와 같은 상이 관념이며, 관념은 우리 머릿속 또는 마음속에 분명히 있다.

버클리는 여기서 멈추지 않는다. 우리는 길가에 심어진 은행나무라는 사물을 보았기 때문에 우리 머릿속에 은행나무의 관념이 있다고 생각한다. 그러나 가만히 생각해 보면 우리는 어떤 사물을 지각한 것이 아니라 그 사물에서 비롯했다고 간주되는 관념을 지각한 것 같다. 다시 말해, 나는 사과를 바라보면서 그 사과를 지각했고 그 지각이 사과에 대한 관념을 남겼다고 생각하지만, 실상 내가 지각한 것은 내 눈에 들어온 인상impression뿐이다. 내 오감을 어떤 의미에서 '때리는' 것은 사물이 아니라 그 사물에 대한 인상이다. 이렇게 생각하면 외부 사물이 있는지가 불분명해진다. "있는 것esse은 지각되는 것percipi이다"라는 버클리의 말은 '우리가 지각하는 외부 사물이야말로 있는 것이다'를 의미하지 않는다. 이 말은 '우리가 지각하는 것은 인상뿐이며, 그 인상이야말로 있는 것이다. 인상이 외부 사물에서 비롯했는지는 확신할 수 없다'를 의미한다. 요컨대 버클리 철학은 '무엇이 있는가?'에 대해 우리가 지각하는 인상과 그 인상이 남긴 관념만이 있는 것이라고 말한다. 그리고 그 인상과 관념은 우리 같은 주관 안에 있는 것이기에 버클리의 이론은 '주관적 관념론'으로 불린다.

마지막으로 바뤼흐 스피노자를 설명하면 끝난다.(23쪽) 17세기 네덜란드 철학자였던 그의 세계관은 참으로 독특하다. 세계관이 곧 신神관이기 때문이다. 우리는 '신'이라고 하면 세계를 창조한 뒤 어딘가에서 세계를 바라보고 있는 전지전능한 존재자를 떠올리곤 한다. 스피노자는 달리 생각한다. 그가 보기에는 이 세계 전체가 신이다. 여기서 신은 '신'이라는 이름이 지시하는 무언가라기보다 '신적인 것'이라는 구句가 지시하는 무언가에 가깝다. '무엇이 독립적으로 있는가?', '무엇이 신적인 것인가?'라는 물음에 '이 세계 자체가 신적인 것이다'라고 스피노자는 답한다.

있는 것이 단순히 있기만 하지는 않는다. 있는 것은 어떠하면서 있다. 즉, 속성을 가진다. 예를 들어 지금 내가 치고 있는 키보드는 '책상 위에 있음', '하얀색임', '블루투스 기능이 있음' 등의 속성을 가진다. 이와 마찬가지로 이 세계도 여러 속성을 가지는데, 세계는 신적인 것이기 때문에 세계가 가지는 속성은 무한히 많고, 유한한 인간은 무한한 세계를 온전히 파악할 수 없다. 그렇다고 해서 인간이 세계를 전혀 파악하지 못하는 것은 아니니, 세계 내지 신의 속성에는 연장extension과 사유thought가 있고, 우리는 연장과 사유를 포착할 수 있기 때문이다.[2]

철학에서 '연장'은 '무언가를 늘림'이나 '도구'를 뜻하지 않는다. '공간을 차지함'을 뜻한다. '사유'는 문자 그대로 '생각함'을 뜻한다. 인간은 생각할 수 있고, 공간을 점유하고 있는 것을 지각할 수 있다. 그래서 '세계=신'의 무한히 많은 속성 중 적어도 생각 및 공간과 관련하는 것은 분명히 집어낼 수 있다. 스피노자 철학은 '무엇이 있는가?'가 아니라 '무엇이 독립적으로 있는가?'에 초점을 맞추지만, 이 소설과 연관하여 굳이 '무엇이 있는가?'에 답하자면, 그 자체가 곧 신인 세계가 있고, 그 세계의 속성 중 사유가 있으니 우리 자신의 마음이 있으며, 연장이 있으니 우리 마음과 무관하게 펼쳐져 있는

---

2   23쪽의 "공간의 확장"과 "사상"이라는 번역어는 '공간이라는 연장'과 '사유'로 고쳐져야 한다. 이어지는 본문에서 말해두었듯 이들 단어는 각기 '공간에 펼쳐져 있음'과 '생각함'을 뜻한다.

공간이 있다.

 이제 정리해 보자. 흄, 버클리, 스피노자의 답변을 두 가지 기준에서 분류할 수 있다. 하나는 주관과 객관이라는 기준이다. 지금의 맥락에서는 '주관의 마음'과 '마음 바깥에 있는 외부 사물'이라고 이해해도 무방하다. 다른 하나는 관념과 물질이라는 기준이다. 이 맥락에서는 '주관의 마음속에 있는 비물질적인 이미지'와 '마음 바깥에 있는 물질적인 것'이라고 이해해도 무방하다. 이렇게 기준이 두 가지가 있으니 '마음-관념', '마음-물질', '외부 사물-관념', '외부 사물-물질'이라는 네 가지 경우의 수가 나온다. 이 중 '마음-물질'과 '외부 사물-관념'은 성립 불가능하다. 마음 또는 마음속 관념은 비물질적인 것이고, 외부 사물은 관념일 수 없기 때문이다. 실질적으로 가능한 선택지는 '마음-관념'과 '외부 사물-물질'이다.

 시작할 때 언급했듯 일차적으로 「틀륀, 우크바르, 오르비스 테르티우스」는 '무엇이 있는가?'에 대한 보르헤스의 문학적 답변이다. 보르헤스의 답변이 둘 중 무엇인지 이제부터 알아보자.

" 독법 2 "

소설 속 동전 이야기에서 시작하는 것이 좋다. '궤변'이라고 불리는 그 이야기를 인용한다.(26쪽)

> 화요일에 X는 아무도 없는 거리를 가다가 동전 아홉 개를 잃어버린다. 목요일에 Y가 그 거리에서 수요일에 내린 비로 약간 녹이 슨 동전 네 개를 발견한다. 금요일에 Z는 길에서 동전 세 개를 발견한다. 금요일 아침, X는 자기 집 복도에서 동전 두 개를 발견한다.

'궤변'이란 '거짓을 옳은 것같이 꾸민 이야기'이다. 그런데 동전 아홉 개가 화요일에 분실되었다가, 목요일에 네 개, 금요일에 세 개, 금요일 아침에 두 개 발견되었다는 위의 이야기에 어떠한 궤변이 담겨 있는가? 언뜻 보기에는 궤변이라고 할 만한 지점이 없다. 이는 우리가 그 동전 아홉 개가 "그 세 기간에 (…) 항상 존재했다고 생각"(26~27쪽)하기 때문이다. 내가 카페에 와서 커피를 마시는 동안에도 집에 있는 의자가 아무런 문제 없이 존재하고 있는 것과 마찬가지로, 화요일에 잃어버린 아홉 개의 동전은 X, Y, Z라는 세 사람이 그 이후에 동전을 발견할 때까지 거리에서, 길에서, 복도에서 존재하고 있었을 것이다.

틀뢴의 언어를 사용하는 이들은 이와 같은 설명을 받아들이지 않으면서 위의 이야기를 '역설'로 받아들인다.(27쪽) 그들이 보기에 우리처럼 "처음의 동전 아홉 개와 나중의 동전 아홉 개가 동일하다고 전제"(27쪽)하는 것은 선결문제 요구의 오류[3]를 저지르는 것에 다름 아니다. 더 일반적으로 말해,

있다는 것, 존재한다는 것에 대한 유물론의 관점을 전제로 사용하는 것이 위의 '역설'을 선결문제 요구의 오류로 만든다.(25쪽) 유물론은 존재하는 모든 것이 물질적인 것이라는 견해이다. 비물질적인 것은 없거나, 설령 있더라도 물질적인 것으로 환원될 수 있다. 소설에서 물질적인 것의 사례로 등장하는 것이 바로 아홉 개의 동전이다. 우리는 아홉 개의 동전이 우리의 지각과 별개로 거리에서, 길에서, 복도에서 존재한다고 생각한다. 잃어버린 동전이 아무도 찾을 수 없는 바다 깊은 곳으로 흘러갔다고 하더라도 그곳에서 동전은 우리와 무관하게 존재한다는 것이 통념이다.

그러나 과연 물체가 우리와 정말 무관하게 존재하는가? 틀뢴의 언어 및 그 언어에 기반한 사고 체계는 우리의 지각과 무관하게 물질이 시간을 따라 지속하면서 존재한다는 점을 전제하지 않는다. 그러한 전제는 '있다'와 '존재하다'에 대한 유물론적 견해를 아무런 검토 없이 따르는 잘못이다. 이 잘못을 저지르는 이가 소설 속 "이교도 지도자"(26쪽)이며, 그가 위의 궤변 내지 역설을 만든 장본인이다. 이 역설로부터, "되찾은 동전 아홉 개의 실재성, 즉 연속성을 도출"[4]하여, 존재하는

---

3   선결문제 요구의 오류란, 증명하려는 결론을 전제로 삼는 오류이다. 한 지원자가 입사 시험에서 떨어졌다고 하자. 누군가가 입사 담당자에게 그 지원자가 왜 떨어졌는지 물을 때, 입사 담당자가 "우리 회사에는 적합하지 않아 그렇습니다"라고 말하는 것이 선결문제 요구 오류의 한 사례이다. 당연히 회사에 적합하지 않아 떨어졌을 텐데 그 이유를 회사에 적합하지 않은 것으로 들고 있으니 말이다.
4   "이 이야기에서 이교도 지도자는 되찾은 동전 아홉 개의 현실, 즉 시간의 연속성을 유추하고자 한다"(26쪽)라는 번역문은 수정되어야 한다. 동전 아홉 개의 'la realidad', 즉 'the reality'는 동전이 '정말로 있음'을 의미한다.

것에 대한 우리의 통념을 지지하려는 것이 이교도 지도자의 의도이다.

이교도 지도자의 이 유물론적 견해는 "거울과 성교는 사람들의 수를 늘리기 때문에 혐오스러운 것"(12쪽)이라는 그 자신의 생각과 연관을 맺는다. 거울과 성교가 그러하듯 사람들의 수를, 더 나아가 존재자의 수를 유물론의 관점 이상으로 늘리는 것은 혐오스러운 일이다. 그러므로 유물론에 반하는 생각, 곧 관념론을 이교도 지도자는 혐오한다.(21쪽) 관념론은 존재하는 모든 것이 비물질적인 것이라는 견해이다. 물질적인 것은 없거나, 설령 있더라도 비물질적인 것에 의존한다. 해설의 전반부에서 설명했던 여러 철학자 중 버클리가 이 대목에서 등장한다. 버클리의 주관적 관념론은 외부 사물의 존재를 전제하지 않는다. 내가 지각하는 것은 나에게 주어진 인상뿐이며, 그 인상이 외부 사물에서 비롯했다는 확신을 할 수는 없다.

그렇기에 유물론은 "지구에 적용해 보면 절대적으로 옳지만, 틀뢴에서는 완전히 틀린 이야기"(21쪽)이다. 흄은 지구에서는 통하겠지만 틀뢴에서는 통하지 않는다. 틀뢴에서 통하는 철학자는 버클리이다. 틀뢴에는 무엇이 있는가? 내가 지각하는 것, 나에게 주어진 인상, 내가 경험한 세계, 무엇보다도

둘째, '시간의 연속성'은 '연속성'으로 바꾸어야 한다. 시간이 연속하는 것이 아니라 동전이 연속 내지 지속하는 것이다. 원문은 'la continuidad', 즉 'the continuity'이다. 셋째, 'deducir', 즉 'deduce'는 '유추하다'가 아니라 '연역하다'나 '도출하다'이다. '이 이야기에서 이교도 지도자는 되찾은 동전 아홉 개의 실재성, 즉 그 동전들의 연속성을 연역하고자 한다'를 새 번역문으로 제안한다.

나 자신의 마음이 있다. 외부 사물이나 사물로 가득 찬 세계가 아니라 외부 사물과 세계를 지각하는 주관 및 그 주관의 마음이 있다. "틀뢴의 고전 문화가 오직 하나의 학문, 즉 심리학으로만 이루어져"(23쪽) 있다는 말의 의미가 이것이다.[5]

틀뢴에서 사는 것은 어떨까? 똑같은 외부 대상을 두고서도 내가 나의 마음으로 인식한 것과, 당신이 당신의 마음으로 인식한 것이 다르니 아무래도 상충과 불일치만이 있을 것 같다.[6] 그렇기에 틀뢴에 대한 설명이 담겨 있는 『오르비스 테르티우스』 백과사전 11권에서 "명백한 모순"(21쪽)을 찾는 일은 어렵지 않다. 주관이 인식하는 바에 따라 세계가 달리 존재한다는 생각은 일견 말이 안 된다. 이는 모순이며, 세계는 단 하나뿐이다.

소설 속 화자는 달리 생각한다. 그는 "11권에서 내가 발견한 질서가 완벽하게 분명하고 조화"(21쪽)롭다고 말한다. 주관이 인식하는 바에 따라 세계가 달리 존재한다는 생각은 아무런 모순을 일으키지 않는다. 이 생각은 「두 갈래로 갈라지는 오솔길들이 있는 정원」 등에서 확인했던 보르헤스의 형이상학적 관점과 일치한다. 실제로 벌어진 사건과 벌어질 수 있었던 가능한 사건 사이에는 결정적인 차이가 없다. 그렇다면 한순간

---

[5] 소설 속 등장인물인 허버트 애시가 "많은 영국인들이 그런 것처럼 환상에 시달렸다"(16~17쪽)라는 번역문은 수정되어야 한다. 환상에 시달린 것이 아니라 비실재성irrealidad에 시달린 것이다. 이는 주관적 관념론자인 버클리처럼 애시가 외부 사물의 실재성realidad을 쉬이 받아들이지 않았음을 의미한다. 참고로 버클리와 애시 모두 영국인이다.

[6] 화자와 허버트 애시가 12진법과 60진법에 대해 이야기하는 것은 이와 연관한다.(17쪽) 12진법에서는 12가 10이며, 60진법에서는 60이 10이다. 10을 나타내는 방식은 하나가 아니다.

에 무한한 수의 사건들이 — 실현된 사건 하나와 실현 가능했던 무한 개수의 사건들이 — 존재하는 셈이다. 존재자와 세계 역시 마찬가지로 무한한 개수로 늘어난다. 이교도 지도자는 이러한 '존재론적 팽창'을 받아들이지 못하기에, 사람들의 수를 늘리는 거울과 성교를, 그리고 관념론을 혐오한다.

거울과 성교가 행하는 일과 마찬가지로, "틀뢴에서 사물들은 복제된다."(32쪽) 우리 각자가 인식하는 바에 따라 존재자가 늘어나니 말이다. 화자와 그의 지인인 비오이 카사레스가 저녁 식사를 함께하면서 벌인 논쟁의 주제가 "일인칭 소설"(11쪽)인 것은 이 때문이다. "일인칭 화자는 사실을 생략하거나 왜곡할 수 있고 여러 가지 모순에 개입"(12쪽)할 수 있다는 말은 결국 '인식하는 주관에 의한 존재론적 팽창이 가능하다'를 뜻한다. 주관의 마음에 의거하는 관념론[7]은 "거울과 부권"이 그러하듯 "눈에 보이는 세계를 증식시키고, 분명하게 그런 사실을"(13쪽) 보여준다.

틀뢴에서 통용되는 이와 같은 "상식"(27쪽) — 주관적 관념론 — 을 옹호하는 이들은 이교도 지도자가 어리석다고 생각한다. "그들은 이교도 지도자가 '존재'라는 신성한 범주를 몇 개의 보잘것없는 동전에 부여하려는 신성 모독적인 목적에

---

7 "각각의 정신적 상태는 축약이 불가능"(24쪽)한 것이 아니라 '환원이 불가능' 것이다. 주관적 관념론에서는 우리 각자의 마음이 가장 근본적인 것이기에 마음 및 마음속 관념은 다른 요소로 환원되지 않는다. 그리고 같은 쪽에 등장하는 "주체 이후의 상태"는 '주체가 나중에 처하는 상태'를 의미한다. 주관의 마음이 한 시점에서는 이런 상태에 있다가 다른 시점에서 저런 상태에 있게 되는데, 그 두 상태는 서로 전연 다른 것이라서 어떠한 방식으로도 환원되지 않는다. 배가 부른 지금의 나는, 배가 고팠던 10분 전의 나와 별개의 존재자라는 말이다.

의해 자극"(27~28쪽)받았다. 틀뢴에서 '있다'와 '존재하다'는 물질에만 사용할 수 있는 단어가 아니다. 우리의 마음이 인식하는 바에 따라 우리는 '있다'와 '존재하다'를 다양한 것에 결부시킬 수 있고,[8] 세계가 어떠한 곳인지도 직접 만들어낼 수 있다. 물론 우리 각자가 만들어내는 그러한 세계는 어떤 의미에서 '환상'이다. 그래서 우크바르 문학은 "환상 문학"이며, 틀뢴은 "상상 속의 지역"[9]이다.(15쪽)

『오르비스 테르티우스』백과사전 11권은 틀뢴이 상상력을 가진 이들에 의해 만들어졌고, 그 세계에는 실제로 벌어진 사건과 벌어질 수 있었던 가능한 사건이 모두 담겨 있다.[10] 그리고 상상력을 가진 이가 한 명만 있는 것은 아니기에 틀뢴을 만든 사람은 여러 명이다. "하나의 무한한 라이프니츠처럼 표면에 나타나지 않으면서 어둠 속에서 일하는 단 한 명의 창조자라는 가설"(20쪽)은 기각될 수밖에 없고, 또 그래야만 한다. 단 하나뿐인 세계의 존재는 "상상력을 지닌 사람들"(20

---

8   마음을 가진 존재자가 여럿인 까닭에 그 마음을 통해 존재하게 된 것들도 여럿이다. 이렇게 존재자가 많아지는 이유로 틀뢴의 언어에는 명사가 없거나 반대로 수없이 많다.(22쪽) 북반구 언어에는 엄청나게 많은 수의 명사가 있고, 남반구의 언어에는 명사가 없고 형용사와 동사만 있다. 북반구 언어는 존재론적 팽창을 끝까지 쫓아가는 셈이고, 남반구 언어는 그러한 팽창에 대한 서술을 애초에 포기하는 셈이다.

9   "우크바르 문학이 환상적"인 것이 아니라 '우크바르 문학이 환상 문학 fantasy'이다. 여기에 이어지는 원문은 'las dos regiones imaginarias'인데, 이는 '두 환상적인 지역'이 아니라 '상상 속의 두 지역'이다. 이 소설에서 '상상'이라는 단어는 핵심어일 뿐 아니라 무척 자주 등장하는데 잘못 번역된 경우가 많다.

10 그렇기에 "그들의 소설은 상상할 수 있는 모든 변형을 포함한 단 하나의 줄거리를 가지고 있"으며, "철학적 성격의 책들은 반드시 명제와 반명제, 곧 하나의 논지에 대한 엄밀한 찬성과 반론을 함께 보여준다."(30쪽)

쪽)과 무관하다. 상상력의 힘을 간과하는 이들에게 틀뢴은 "카오스"이겠지만 그렇지 않은 이들에게는 "코스모스"이다.(20쪽) 세계의 단일한 모습, 진정한 모습 같은 것은 애초에 성립하지를 않는다. 『오르비스 테르티우스』 백과사전 11권이 917쪽 분량이든, 921쪽 분량이든, 1,000쪽 분량이든 그것이 중요하지 않은 것과 매한가지이다.(13, 18쪽) 형이상학이 "환상 문학에서 파생된 하나의 가지"(24쪽)로 생각되는 것도, 형이상학자들이 "참 또는 참처럼 보이는 것"이 아니라 "놀라움"만을 찾는 것도 이와 맥락을 같이한다.[11]

틀뢴의 세계관은 주관적 관념론에 머무르지 않는다. 아홉 개의 동전으로 이루어진 역설과 유사한 문제가 소설 속에서 또 하나 제기된다. 아홉 명의 사람이 아흐레 동안 극심한 통증에 시달렸다고 하자. 이들이 경험한 고통이 이를테면 복통이라고 할 때, 이들은 하나의 복통을 각기 경험한 것인가, 아니면 이들이 경험한 복통은 하나하나가 다 다른 것인가? 주관적 관념론은 후자로 이어지겠지만, 우리는 '내가 겪은 것은 복통1이고, 당신이 겪은 것은 복통2이다' 같은 식으로 말하지 않는다.[12] 하나의 복통을 각기 경험한 것이라는 주장에

---

11 24쪽에 등장하는 '의제 철학'이라는 번역어에는 다소 오해의 소지가 있다. 원문은 독일어인 'Philosophie des Als Ob'인데, 영어로 쓰면 'Philosophy of As If'이다. '만일 어떠하다면'을 토대로 삼는 철학이라고 이해하면 되며, 이는 실현된 사건과 가능한 사건을 공히 존재하는 사건으로 간주하는 입장과 매끄럽게 이어진다. '만일 어떠하다면'에 초점을 맞추어 허구의 가정, 허구적 생각 등이 인간의 삶에 도움이 된다고 주장하는 한스 바이힝거Hans Vaihinger의 저술 이름이 바로 'Philosophie des Als Ob'이다. 나는 '만일의 철학'이라는 번역어를 제안한다.
12 동등성equality과 동일성identity에 대한 언급이 이와 관련한다.(28쪽) 동등성

도 분명히 일리가 있다. 양쪽 다 일리가 있으니, 주관적 관념론에 찬성하는 입장과 반대하는 입장 간의 이 논쟁은 아무런 결실 없이 끝났다고 한다.(28쪽)

"대담한 가설"(28쪽)이 문제 상황을 해소한다. 이 "행복한 가설에 따르면 세상에는 단 하나의 주체만 있으며, 이 분할될[13] 수 없는 주체는 우주 속의 있는 각각의 존재들이고, 이 우주의 존재들은 바로 신성의 기관들이며 가면들"이다. 이 구절은 앞서 언급했던 철학자 중 스피노자를 떠올리게 한다. 스피노자가 보기에는 이 세계 자체가 신이며, 신인 세계가 진정한 의미의 존재자이다. 보르헤스는 이를 "관념론적 범신론"(28쪽)이라고 일컫는다. 관념론적 범신론에는 어떤 장점이 있는가? 소설에는 세 가지가 등장하는데, 그중 두 번째 것만 언급하겠다. 관념론적 범신론은 "과학의 심리학적 토대를 그대로 보존"(28쪽)하게 한다. 우리 마음의 우선성을 인정하면서도 마음의 복수성에 따른 혼란은 거부하는 것이다. "동일한 양을 세는 몇몇 사람들이 동일한 결과에 도달한다는 사실"은 "지식의 주체는 하나이며 영원하다는 것"을 증명한다.(29쪽) 즉, 세계를 인식하는 주관은 신인 세계 자신이고, 우리는 그 세계의

이 동일성을 수반한다면 아홉 명이 경험한 복통은 같은 것이라는 점에서 하나일 테고, 이는 주관적 관념론을 무너뜨린다. 이와 달리 동등성과 동일성이 별개라면 아홉 명이 경험한 복통은 모두 다른 것이며, 이는 주관적 관념론을 지지한다.

13 'indivisible'은 '분리 불가능한'이 아니라 '분할 불가능한', '쪼개질 수 없는'이다. 세계가 한 덩어리라서 쪼개지지 않는다는 말이다. 세계 속에 존재하는 주관과 외부 사물은 같은 세계의 일부이며, 세계와 분리되어서는 존재할 수 없다. 내 몸에서 떨어져 나간 팔이 더는 팔이 아닌 것과 같다.

일부로서 사유하고 상상한다.

다만 스피노자 철학과 달리 틀뢴에서는 "아무도 공간이라는 연장과 코스모스와 완벽한 동의어인 사유가 나란히 함께할 수 있다는 것을 이해하지 못"(23~24쪽)한다. 스피노자는 그 자체가 신인 세계의 무한히 많은 속성 가운데 연장과 사유가 있다고 했지만, 틀뢴에서 공간 내지 연장은 사유와 함께할 수 없다. 공간 속에 펼쳐져 있음은 실현된 사태만을 존재하는 것으로 간주하게 하기 때문이다. 실현된 사태만을 존재자의 목록에 올리게 되면 상상력의 활동은 제약된다.

여기까지의 이야기를 중간 정리해 보자. '무엇이 있는가?'에 대한 우리의 상식적인 답변은 흄이 생각하듯 '공간을 점유하는 외부 사물이 있다'이다. 그에 이어 우리는 버클리의 주관적 관념론을 통해 우리 마음 및 그 마음의 상상 활동이야말로 진정으로 있는 것이라는 견해에 이른다. 하지만 "사람들이 하나의 동일한 고통을 겪"(27쪽)었다고 볼지, 아니면 사람들이 각기 동등하지만 동일하지는 않은 고통을 겪었다고 볼지를 둘러싼 논쟁은 쉽게 답을 내지 못한다. 주관적 관념론의 이와 같은 한계는 스피노자의 관념론적 범신론을 부른다. 이 이론에서는 신인 세계 자체가 존재하며(그러니까 범신론이다), 세계는 그 자체가 신이라는 점에서 어떠한 의미의 주체이다. 그리고 세계 속에 있는 물질적 사물이 아니라 세계이자 신인 이 주체의 마음이야말로 진정으로 있는 것이다(그러니까 관념론이다).

" 독법 3 "

소설의 말미에는 느닷없이 '흐뢰니르'라는 이름의 대상이 등장한다.(30쪽) 흐뢰니르는 일종의 복제품이다. 어떤 이가 연필을 하나 발견하지만 아무 말을 하지 않고, 다른 사람이 그 연필에 "못지않게 실재하지만[14] 자신의 기대치에 더 부응하는 두 번째 연필"(30)을 발견한다. 이 두 번째 대상이 흐뢰니르이다. 흐뢰니르에 이것만 있는 것은 아니다. 또 다른 사람이 두 번째 연필에 "못지않게 실재하지만 자신의 기대치에 더 부응하는" 연필을 발견하면, 그것이 두 번째 흐뢰니르가 되고, 이러한 과정은 계속 이어질 수 있다.

흐뢰니르는 과거의 어떤 사건이다. 흐뢰니르의 이 "고고학자에게 이루 말할 수 없는 도움"(31쪽)을 주었다는 표현을 보면 분명히 그렇다.[15] 흐뢰니르가 계속하여 정교화될 수 있다는 점은 과거 사건에 대한 우리의 서사가 다양한 방식으로 이어질 수 있음을 의미한다. 과거 사건은 존재했던 것일 뿐, 지금은 존재하지 않는다. 하지만 우리가 이야기하고 기억하는 한에서는 지금 이 순간에도 존재한다. 관념론적 범신론에 따르면 우리 한 사람 한 사람은 신인 세계의 일부이며, 따라서 우리의 서사는 곧 신의 서사의 일부이기 때문이다. 신이 지각하

---

14 '사실적'인 것이 아니라 '실재하는' 것이다. 원문은 'real'이며, '실재성 reality'과 연결하여 이해하면 된다.
15 이 대목에 "'흐뢰니르'의 '조직적인 생산'"(31쪽)이라는 번역어가 있는데, 원문은 'producción sistemática/systematic production'이 아니라 'la metódica elaboración/the methodical elaboration'이다. '체계적인 정교화'를 번역어로 제안한다. 바로 다음 각주를 이어서 읽기를 권한다.

는 한, 과거 사건은 여전히 존재한다. 그러므로 우리가 과거 사건을 이야기하고 기억하는 방식은 그 사건이 무엇인지를 결정하며, 이를 통해 과거는 "미래에 맞먹을 정도로 탄력적이고 유연"(31쪽)한 것이 된다.

과거에 벌어진 사건을 새로운 방식으로 이야기하는 것은 상상력을 활용하여 세계의 새로운 모습을 구상하는 것과 별개의 일이 아니다. 과거는 "망각될 때면 지워져 버리거나 세부적인 것들을 잃어버리곤 한다."(32쪽) 누군가가 과거를 기억하고 이야기하는 것은 그것을 여전히 존재하게 한다. 그렇게 존재함으로써 과거의 한 사건은 백과사전의 항목이 된다. 백과사전의 항목은 정해져 있지 않으니, 우리의 기억에 따라 항목은 늘어날 수도 줄어들 수도 있다. 기억은 지적인 활동에 그치지 않는다. "거울 하나와 어느 백과사전을 연관"(11쪽)시키는 일은 필수적이다. 마치 거울이 그렇듯 기억은 존재하는 것을 증식시킴으로써 백과사전의 항목을 늘리고, 이를 통해 세계의 현 상태를 바꾸어 우리의 상상이 현실로 구현되도록 할 것이다.

우리의 상상이 발톱만 한 수준에서 시작할지 모른다. 그러나 "발톱만 보아도 사자인지 알 수"(20쪽) 있는 것처럼, 과거에 대한 기억과, 이 기억을 기반으로 하는 미래에 대한 상상은 이 세계가 어떤 곳인지를 결정할 강력한 힘을 가진다. 상상은 신이자 세계 자체인 단일한 주체의 일부로서 우리가 행하는 일이다. 우리는 "새 몇 마리, 말 한 마리가 원형 극장의 잔해들을 구하기도"(32쪽) 했듯 과거 사건을 계속해서 존재하게 할 수 있다. 그러므로 '무엇이 있는가?'에 대한 최종적인 답변 중 하나는 '우리가 기억하는 한, 과거 사건도 있다'이겠다.

다시 한번 강조하지만 과거 사건에 대한 우리의 기억과 서사는 미래의 모습을 결정한다. 소설의 말미에는 그 어떤 흐뢴[16]보다도 "낯설고 순수"한 '우르'가 등장하는데, 우르는 "암시에 의해 만들어진 사물이자 희망에 의해 도출된 대상"이다.(32쪽) 보르헤스는 '마음-관념'과 '외부 사물-물질'이라는 두 선택지 중 전자를 택하며, 그 관념의 정수는 희망이다.

---

16 31쪽에는 "두 번째 '흐뢰니르'(다른 '흐뢴'에서 파생된 '흐뢰니르')", "세 번째 '흐뢰니르'(어떤 '흐뢴'의 '흐뢴'에서 생긴 '흐뢰니르')" 같은 표현이 등장하여 하나의 흐뢰니르에서 다른 흐뢰니르가 생겨난다는 느낌을 준다. 이는 '등급', '정도^{程度}'를 뜻하는 'grado', 즉 'grade'가 누락되어 발생한 오역이다. 어떤 흐뢰니르가 하나 있고, 그것이 다듬어져 다음 등급/정도/단계의 것으로 바뀌고, 그것이 또 다듬어져 다음 등급/정도/단계의 것으로 바뀌는 것이다. 보석 세공을 떠올리면서, 바로 앞 각주에서 언급한 '정교화'와 엮어 이해하면 된다. 흐뢰니르의 정교화 수준이 오르락내리락한다는 것은 특정한 역사적 사건에 대한 우리의 기억이 변화한다는 것을 함의하겠다.

" 확장 "

첫 번째 확장

「틀뢴, 우크바르, 오르비스 테르티우스」에서는 관념론과 유물론이 서로 대립하는 세계관 내지 우주관으로 제시된다. 우리 자신이든 신이든 간에 어떤 주관이 마음속에서 떠올리는 것과, 마음 바깥에서 존재하는 물질적인 것 중 무엇이 일차적인 의미에서 존재하는가? 다시 말해, 물질적인 것이 관념적인 것에 의존하는가, 아니면 그 반대인가?

예)
- 내가 생각하기에는 물질적인 것이야말로 일차적인 의미에서 존재한다. 왜냐하면 관념적인 것도 존재한다고 말하는 경우 '존재하다'의 의미가 너무 넓어지기 때문이다.

- 내가 생각하기에는 _____ 이야말로 일차적인 의미에서 존재한다. 왜냐하면 _____ _____ _____ 때문이다.

두 번째 확장

나는 무엇을 기억하고, 그에 대해 어떠한 서사를 부여하고 싶은가? 과거 사건을 여전히 존재하게 함으로써 내가 상상하는 미래는 어떤 모습인가?

예)

- 나는 2014년에 벌어졌던 세월호 사고를 기억하고, 그 사고에 정부의 무책임이라는 서사를 부여하고 싶다.
  이를 통해 권한에는 책임이, 규칙에는 준수가 따르는 미래를 기대한다.

- 나는 _____ 를 기억하고,
  그에 대해 _____
  _____ 라는 서사를 부여하고 싶다.
  이를 통해 _____
  _____ 한 미래를 기대한다.

" 심화 질문 "

「틀뢴, 우크바르, 오르비스 테르티우스」에서는 '흐뢰니르'가 중요한 대상으로 등장한다. 주관이 기억하는 방식에 따라 하나의 동일한 사건에 대한 흐뢰니르가 여러 등급으로 생성될 수 있다. 예컨대 과거 사건에 대한 서사는 늘 하나가 아니라 여럿 있을 것만 같다. 그렇다면 프랑스 혁명은 누군가에게는 혁명-흐뢰니르이고 다른 누군가에게는 반란-흐뢰니르일 것이다. 5·16 군사 정변은 누군가에게는 반역-흐뢰니르이고 다른 누군가에는 혁명-흐뢰니르일 것이다. 그렇다면 역사적 사건에 대한 복수의 평가는 모두 동등한 방식으로 타당한가? 수용 가능한 흐뢰니르와 수용 불가능한 흐뢰니르를 구별하는 기준은 무엇일까?

열한 번째 우물

불에 타지 않는 꿈
―「원형의 폐허들」
Las ruinas circulares

호르헤 루이스 보르헤스, 「원형의 폐허들」,
『픽션들』, 송병선 옮김(민음사, 2011), 67~76쪽.

" 작품 요약 "

 남부에서 온 한 마법사는 이미 불에 타 폐허가 되어버린 신전에 거주하면서 잠을 잔다. 그는 잠을 자는 동안 한 사람에 대한 꿈을 꾸어 그를 현실에 집어넣고자 한다. 처음에는 여러 학생이 등장하는 꿈을 꾸다가 차츰 한 학생만이 등장하는 꿈을 꾸게 되었는데, 결국 이 꿈은 실패로 돌아간다. 그 이후에는 심장부터 시작하여 한 소년을 차근차근 구체화하는 방식의 꿈을 꾼다. 그 소년이 자신이 꾼 꿈의 산물이라는 점을 모르게 하고자 '불'이라고 불리는 신의 도움을 받지만, 결국 남자는 소년은 물론이고 자기 자신 역시 꿈의 산물이라는 점을 알게 된다.

" 독법 1 "

이제까지 설명해 온 보르헤스의 단편들 중 몇몇은 '무엇이 있는가?'에 대한 답변이다. 「두 갈래로 갈라지는 오솔길들이 있는 정원」 등에 대한 해설에서 몇 차례 말했듯, 보르헤스는 우리가 현실이라고 생각하는 것 — 감각 가능한 중간 크기의 외부 사물과 실현된 사태 — 만 있다고 생각하지 않는다. 무한히 많은 수로 벌어지는 오솔길로 표상되는 실현되지 않은 사태 역시 있으며, 이때 가능성, 상상, 희망은 없는 것에 대한 마음의 작동이 아니라 있는 것에 대한 마음의 작동이다. 내가 선택하지 않아 실제로는 벌어지지 않은 사건도 실제로 벌어진 사건과 매한가지로 있으며, 우리가 희망하지만 아직 실현되지 않은 목표도 실현된 목표가 그렇듯이 있다.

이 책을 마무리하는 「원형의 폐허들」은 '무엇이 있는가?'보다는 '그 무엇은 어떻게 하여 있게 되었는가?'에 대한 답변에 가깝다. 실현된 사태와 실현되지 않은 사태가 모두 존재하는 세계관 아래에서는 이 물음에 대한 답변 역시 우리가 언뜻 떠올리는 것과는 다르겠다.[1] 우리는 내 앞의 책상이 존재하는

---

1 그렇기에 "그는 (…) 꿈을 꾸어 현실을 기만하고 싶었다"(68쪽)라는 구절은 오역이다. 가능한 사태와 실현된 사태, 꿈과 현실을 엄밀하게 구별하지 않는 보르헤스의 작품에서 그와 같은 문장은 성립 불가능하다. 원문은 'imponerlo a la realidad'인데, 영어로 옮기면 'he (…) insert him into reality'이다. 즉, '자신이 꿈을 꾸어 만든 그 사람을 현실[실재]에 집어넣는다'는 의미이다. '그는 (…) 자신이 꿈을 꾸어 만든 사람을 현실에 집어넣고 싶었다'로 수정하기를 제안한다. 여기서 'he'와 'him'은 서로 다른 사람을 지시한다.

것은 공장 노동자의 노동을 포함한 몇 가지 요인 때문이라고 생각하고, 나 자신의 존재는 내게 선행하는 부모의 존재에 의존한다고 생각한다. 그런데 이렇게 물리적인 사물만이 다른 무언가의 존재를 야기할 수 있을까? 「원형의 폐허들」을 통해 보르헤스의 제안을 들어보자.

마법사[2]로 제시되는 소설 속 주인공에게는 꼭 이루고 싶은 바가 하나 있다. "초자연적인 것이기는 했지만 불가능한 것"은 아닌 그의 목표는 바로 "한 명의 사람을 꿈꾸"는 것이다.(68쪽) 왜 어떤 사람에 대한 꿈을 꾸고 싶어 하는가? 그 이유는 소설의 서두에 있는 인용구—이를 제사題辭라고 한다—에서 확인할 수 있다. "그리고 그가 너에 관해 꿈꾸기를 그만두었다면 (…)"은 우리가 익히 들어본 『거울 나라의 앨리스』에서 트위들디가 앨리스에게 하는 말이다. 트위들디의 질문으로 대화는 더 이어진다. "(…) 너는 네가 어디에 있게 될 거라고 생각하니?" 앨리스는 이렇게 답한다. "당연히 내가 지금 있는 여기where에 있겠지." 트위들디는 한심한 눈빛으로 앨리스를 바라본다. "너는 아무 데도nowhere 있지 않게 돼. 왜냐고? 너는 그가 꾸는 꿈속에 있는 무언가일 뿐이니까!"

트위들디의 주장은 '너는 존재한다. 왜냐하면 그가 꿈을 꾸기 때문이다'나 '너는 그가 꿈을 꾸는 한에서만 존재한다' 정도로 요약된다. (데카르트는 반박하겠지만) 앨리스가 존재

---

[2] 한국어 번역본에 등장하는 '마술'은 모두 '마법'이다. 마술과 마법 모두 'magia', 즉 'magic'이기는 하지만, 주인공이 행하는 일은 빠른 손놀림이나 장치에 의존하는 속임수가 아니라 새로운 사람을 만들어내는 불가사의한 창조 작업이다. 마법사의 목표가 "초자연적인 것"(68쪽)이라는 표현 역시 'magia'가 '마술'이 아니라 '마법'임을 뒷받침한다.

하는 것은 붉은 왕이 앨리스에 관한 꿈을 꾸기에 가능한 일이다. 그렇다면 「원형의 폐허들」속 마법사가 "한 명의 사람을 꿈"꾼 다는 것은 꿈을 통해 한 명의 사람을 존재하게 하겠다는 말과 같겠다. 그가 "당장 해야 할 일은 잠을 자는 것"(68쪽)이라고 판단하고 잠에 드는 이유가 여기에 있다(긴 여행에 피곤함을 느껴 자는 것이 아니다).

없던 것을 있게 만드는 일이 쉽지만은 않을 것이다. 마법사가 "처음에 꾼 꿈들은 혼란"스러웠다. 하지만 곧이어 꿈들은 "변증법적[3] 성격"을 띠게 된다.(69쪽) 변증법은 '참된 지식을 산출하는 방법' 정도로 이해할 수 있는데 그러한 방법이 구체적으로 무엇인지는 철학자마다 다르다. 다만 어떤 방법을 제시하든 대체로 그 핵심은 끊임없는 운동에 있다. '변증법(적)'에 해당하는 'dialectic'과 '대화'에 해당하는 'dialogue'가 '둘'을 뜻하는 접두사 'dia'를 공유한다는 점에 주목해 보자. 소크라테스가 명시한 변증법이 두 사람 사이의 활발한 대화인 데서 볼 수 있듯, 변증법은 그것을 가능하게 하는 구성 요소가 적어도 둘 이상 있음을, 그리고 그 방법으로 만들어지는 산물이 있음을 함의한다. 구성 요소가 무엇인지는 잠시 접어두고 변증법의 산물을 먼저 보자면, 변증법적 성격을 띠면서 꿈은 주인공이 바라는 '한 명의 사람'을 존재하게 한다.

세계 속에 한 사람을 존재하게 하려던 시도를 주인공 마법사

---

3   한국어 번역본에는 "논증적"이라고 되어 있는데, 'dialéctica'는 '변증법적' 으로 번역해야 맞다. 논증의 핵심은 근거를 제시하는 데 있고, 변증법의 핵심은 운동이 끊임없이 이어진다는 데 있다. 이 소설의 제목에 담긴 표현이기도 한 '원형'을 '끊임없음'과 이어서 이해하면 도움이 된다. '논증적'에 해당하는 스페인어 단어는 'discursivo'이다.

만 한 것은 아니다. "붉은 아담"을 빚어 만든, 그노시스학파의 데미우르고스[4]도 같은 시도를 행한 적이 있다. 그들이 말하는 조물주가 만든 붉은 아담은 실패작이다. 그는 "일어설 수 없"(72쪽)다. 결국 우리와 마찬가지로 사람에 불과한 마법사도 나중에 성공하는 일에 왜 조물주가 성공하지 못하는가? 그것은 조물주가 선택한 수단이 적절하지 않기 때문이다. 그노시스학파의 조물주가 사용한 수단은 그노시스, 즉 지식[5]이다.

세계를 이해함으로써 세계에 대한 지식을 확보하고 그 지식에 기초해서 무언가를 산출할 수 있다는 것은 조물주의 생각일 뿐 아니라 우리의 상식이기도 하다. 세계의 질서를 파악하면 그 원리에 따라 세계를 변화시킬 수 있다는 믿음이라고 하겠다. 보르헤스는 달리 생각한다. "상위 질서와 하위 질서의 모든 비밀을 **알아낸다** 할지라도 (…) 재료들을 틀에 넣어 주조하겠다는 일은 자기가 할 수 있는 어떤 일보다도 어려운 것"이다.(71쪽; 강조는 내가 해둔 것이다) 지식만으로는 창조할 수 없다. 창조에 필요한 수단은 지식이 아니라 꿈이고, 이것이 조물주가

---

4   한국어 번역본에서는 'demiurgos'가 "조물주"로 번역되어 있다. 주지하다시피 '데미우르고스'는 플라톤의 우주론에 등장하는 세계 제작자이며, 따라서 '조물주'가 아니라 '제작자'로 번역하거나 그대로 음차하여 '데미우르고스'로 쓰는 편이 낫다. 데미우르고스는 우리가 '조물주'에서 떠올리는 전지전능함을 갖지 못한다. 그노시스학파의 이론에서 데미우르고스는 창세기에서 세계를 제작하는 신이고, 이 신은 일종의 하급 신에 해당한다.

5   그리스어 '그노시스gnosis'는 '지식'을 의미한다. 다만 이때의 지식은 우리가 일상적으로 쓰는 의미의 지식이라기보다는 신비주의적이거나 영적인 맥락의 지식이다.

못한 일을 마법사는 결국에는 해내게 되는 까닭이다.

우리가 무언가를 안다는 것은 그 무언가와 거리를 둔다는 점을 전제한다. 고양이 한 마리가 문 앞에 있다는 것을 알려면 고양이와 나 사이에 거리가 있어야 한다. 그러나 거리를 전제로 하는 지식은 우리로 하여금 고양이와 아무런 내적 관계를 맺지 못하게 한다. 우리가 고양이에게 가까이 가는 목적은 지식 획득이 아니다. 친근함의 획득이다. 마법사가 처음에 꿈을 꿀 때 유의했던 지점이 이것이다. 마법사는 우주를 알려고 하는 영혼이 아니라 "우주에 참여할 만한 그런 영혼"(69쪽)을 찾았다. 우주에 참여하는 것은 우주를 아는 것을 넘어 우주를 새로이 만드는 일이겠다.[6]

---

6   자신이 산출하고자 하는 자식에 대한 꿈을 꿀 때 행성의 이름을 부르는 것은 이와 연관한다. "심장을 잡고자 어느 행성의 이름을 부르며 기원한 다음, 주요 기관들의 또 다른 행성들을 꿈꾸기 시작했다."(72쪽) 마법사가 가르치는 과목의 이름도 같은 지점을 함의한다. 그는 "해부학과 우주 구조론, 그리고 마법"(69쪽)을 강의한다.

" 독법 2 "

두 차례의 실패를 극복하고 자신의 자식을 만들어 냈으니 마법사는 얼마나 뿌듯하고 만족스러울까? 우리의 예상과 달리 마법사는 걱정에 휩싸인다. 자기 자식이 마법사 자신의 꿈의 산물에 불과한 존재자임을 알게 될까 우려한 것이다. "다른 사람의 꿈이 투영된 것이라는 사실, 이것이야말로 그 무엇과도 비교할 수 없는 치욕이고 혼란"(75쪽)스러운 일이라는 것이 마법사의 생각이다. 마법사는 "아들들의 미래에 대해 불안해하고 두려워"(75쪽)하면서 평정을 찾지 못한다. 자식[7]이 이 사실을 모르게 해달라고 '불'이라는 신에게 부탁해 두었지만 그것만으로는 이 불안감을 해소할 수 없다.

그런데 마법사가 잘못 생각하는 것이 있다. 누군가가 꿈의 산물이라는 것은 아무런 문제가 되지 않을뿐더러, 마법사는 '불'이라는 이름을 가진 신과 자신이 맺는 관계를 오해하고 있다. 꿈속에서 마법사는 호랑이이자 말이면서 황소 같기도 한데 장미이자 폭풍인 신을 만난다. 자신의 이름이 '불'이라고 알려준 그 신은 마법사가 꿈꾸었던 자식에게 생명을 불어넣은 것이 자신이라고, 또 마법사의 자식이 꿈의 산물이라는 것을 모든 이가 모르게 한 것도 자신이라고 말한다. 이러한 진술을 통해 마법사는 그 신에게 어떠한 의미의 부채를 지게 된다.

---

[7] 마법사의 자식을 언급하는 표현 중 하나로 "가공의 아이"(74쪽)가 있는데, 여기서 '가공'은 스페인어 'irreal', 영어 'unreal'에 해당한다. 꿈의 산물이기 때문에 좁은 의미에서는 '실재하지 않는 아이'라는 의미이다. '정말로 존재하는 것은 아닌 그 아이' 정도의 번역어를 제언한다.

마법사는 신에게 의존한다.

소설의 말미는 다른 이야기를 한다. 마법사는 "불길을 향해 걸어"가지만 "불길은 그의 살을 물어뜯지 않았다."(76쪽)[8] 다시 말해, 마법사는 불에 타지 않으며 불로부터 어떠한 영향도 받지 않는다. 하지만 "그 고리 모양의 터는 옛날 화마가 삼켜버린 신전이었다"(68쪽)나 "불의 신을 모시던 신전의 폐허는 불에 의해 파괴되어 있었다"(76쪽) 같은 구절은 불이 실제로 무언가를 태운다는 점을 보인다. 도대체 불에는 무언가를 태울 수 있는 힘이 있는가, 아니면 없는가?

있기도 하고 없기도 하다. 폐허가 불에 탔다는 사실은 불에는 물리적 사물을 태울 수 있는 힘이 있음을 드러낸다. 이와 달리 마법사가 불에 타지 않았다는 사실은 불에는 비물리적 사물을 태울 수 있는 힘이 없음을 드러낸다. 그렇다면 마법사는 비물리적 존재자인가? 그렇다, 사실 마법사 자신도 누군가의 꿈의 산물이기 때문이다. 마법사는 자기 자식(만)이 꿈의 산물이라고 생각하지만, 마법사 역시 그를 꿈꾸는 "또 다른 사람의 꿈이 나타난 것"(76쪽)이다.[9] 마법사가 불에 타지 않을 수

---

8   이 대목에 "집중적인 화염"이라는 표현이 나오는데, 번역자가 'concéntrico'를 'centrado'로 혼동한 것 같다. '집중적인concéntrico 화염'이 아니라 '동심원 모양의centrado 화염'이다. 원형의 폐허 가운데부터 바깥쪽으로 불이 동그랗게 번지는 모습을 떠올리면 된다.

9   번역자는 이 대목을 "또 다른 사람의 환영apariencia"이라고 번역했다. 'apariencia'는 영어 'appearance'에 해당하는데, 'appearance'는 '환영'이 아니라, '현상' 내지 '나타남'이다. 마법사가 'apariencia'라는 것은 그가 환영이라는 말이 아니라 다른 이의 꿈이 나타난 것이 마법사 자신이라는 말이다. 이것은 소설의 주제와 관련한 치명적인 오역이다. 'apariencia'는 'fantasma/phantom'이나 'delirio/delirium'과 결이 다른 단어이다.

있는 것은, '불'이라는 신의 처벌을 받지 않을 수 있는 것은, 그가 타인이 꿈꾼 것의 '나타남'이라는 점을 그 이유로 한다.

이제 우리는 누군가가 꿈을 꾸었고 그 산물이 마법사임을, 마법사가 꿈을 꾸었고 그 꿈의 산물이 그의 자식임을 알게 되었다. 이러한 계열은 앞뒤로 계속 이어진다. 그 누군가에 대한 꿈을 꾼 사람이 있을 수밖에 없고, 이 계열은 시간상 앞으로 계속 이어진다. 마법사의 자식은 자신의 자식에 대한 꿈을 꿀 것이고, 그 계열은 시간상 뒤로 계속 이어진다. 그렇게 꿈을 꾸는 삶을 사는 것이야말로 — 우주에 적극적으로 참여하는 것이니 — 어떤 의미에서 도덕적인 삶이겠다. 마법사의 고향은, 즉 마법사에 대한 꿈을 꾸었던 누군가가 살았던 지역은 "젠드어가 그리스어에 오염"되지 않았으며, "나병"[10]이 없는 곳이다. 오염과 전염병이 없는 장소에서 떠나 폐허가 있는 북쪽으로 오고,[11] 그곳에서 꿈을 꾸어 자식을 만드는 일이 세대를 거치면서 끊임없이 일어나는 것이다.[12] 이렇게 끝나지 않는 계열의 무한함을 나타내는 도형으로는 원형circularity이

---

10 '나병' 내지 '한센병'은 'lepra/leprosy'를 번역한 것이다. 한국어 번역본에는 "도덕적 부패"(67쪽)로 옮겨져 있다.
11 마법사는 남부에서 온 인물로 묘사된다. 남부에서 왔으니 북부로 이동한 셈인데, 마법사의 자식 역시 북부로 떠난다. 이렇게 자식을 만들고 그 자식이 북부로, 그 자식의 자식의 북부로 가는 일이 영원히 이어지는 셈이다.
12 "수백 년, 아니 수천 년 전에 일어났던 일이 똑같이 반복"(76쪽)되고 있다는 진술을 이해하는 방식은 하나가 아니다. 니체의 영원회귀에 대한 해석이 여럿이듯 이 문장도 다양한 방식으로 해석 가능한데, 나는 이를테면 내가 키보드에 이 글을 타이핑하는 구체적인 사건이 일정한 주기로 반복된다는 것보다는, 꿈을 통해 자식을 만드는 행위가 세대를 이어가면서 끝없이 이어진다는 것으로 이해한다.

적절할 테고, 딱히 어느 지점에서 끝나지 않는다는 점에서 그 계열은 순환적circular이다.[13]

꿈을 꾸는 장소로는 어디가 적합할까? 마법사는 "폐허가 된 사원이 마음에 들"(69쪽)었다고 한다. 폐허가 된 사원은 "눈에 보이는 세계의 최소치"(69쪽)이기 때문이다. 다시 말해, 우리 눈에 보이는 세계는 폐허와 같다. 어떠한 기대도 품을 수 없고, 새로운 사건이 발생할 수 없는 몰락의 장소이다. 자신을 떠나 북쪽으로 간—그곳에서 자신의 꿈을 꾸어 자신의 자식을 만들—"아들이 그의 영혼에서 줄어든 부분을 먹으며 자라"(74쪽)고 있으니, 홀로 남겨진 마법사와 그를 둘러싼 장소는 피폐한 것이 어울린다. 마법사 자신도 "회색빛의 남자"(67쪽)로 서술되며, 폐허 가운데 있는 석상은 "한때는 불의 색을 띠었다가 지금은 잿빛이 되어버린 호랑이"(67쪽)의 모습을 하고 있다.

마법사는 자식이 있기에 아버지로 존재할 수 있고, 자식은 마법사가 있기에 자식으로 존재할 수 있다. 다시 말해, A의 존재는 B의 존재에 의존하고, B의 존재는 A의 존재에 의존한

---

13 형용사 'circular'는 스페인어와 영어에서 같은 철자로 쓰이며, 그 의미 역시 '원형의'로 같다. 그런데 동사 'circular'에는 '순회하다'라는 의미도 있고, 이는 마법사의 꿈으로 만들어진 자식이 다른 폐허로 가서 또 다른 자식을 만들어내는 과정을 잘 묘사한다. 다시 말해, 각 폐허의 구조가 '원형'이고, 마법사와 그 자식은 각자 자신의 부모를 떠나면서 다른 폐허를 '순회'하며, 이러한 과정이 끝없이 이어진다는 점은 '원형' 으로 그릴 수 있다. 양운덕이 「작품 속으로 들어간 작가: 보르헤스의 「돌고 도는 폐허들」을 읽는 한 방식」에서 제안한 '돌고 도는 폐허들'은 적절하지 않다고 생각한다. 돌아다니는 주체는 폐허가 아니라 꿈을 꾸는 사람들이기 때문이다.

다. 이러한 사례는 더 들 수 있다. 보르헤스를 소설가로 존재하게 하는 것은 「원형의 폐허들」이라는 소설의 존재이고(소설을 쓰니 소설가이다), 「원형의 폐허들」이라는 소설을 존재하게 하는 것은 보르헤스의 존재이다(소설가가 있어야 소설도 있다). 제사에 인용된 『거울 나라의 앨리스』도 마찬가지이다. 붉은 왕이 꿈을 꾸지 않으면 앨리스는 존재하기를 그만두겠지만, 그 반대도 마찬가지이다. 『거울 나라의 앨리스』 전체가 앨리스가 꾼 꿈에 대한 기록이니 말이다.

마법사가 자리 잡은 폐허는 원형의 모습을 띠고 있다. 이 원형을 구성하는 두 개의 항은 마법사와 그의 자식이다. 두 사람밖에 없으니 그들이 만들어내는 원형/순환의 크기는 작다. 마법사가 자리 잡은 폐허가 "눈에 보이는 세계의 최소치"라는 점을 잊지 말자. 원형 모양의 폐허는 세계에 대한 일종의 '미니어처'이다. 그러니 이 미니어처에서 일어나는 일을 확대한 상을 세계 전체에 적용하는 데는 아무런 문제가 없다. 폐허에 있던 두 명을 스무 명으로, 스무 명을 이백 명으로, … 이런 식으로 계속 늘려보자. 그러면 원형의 크기가 점차 커지고, 순환 주기도 점차 길어질 것이다. 이러한 순환이 바로 보르헤스가 기대하는 세계의 모습인 것 같다. 그리고 이렇게 커다란 원을 그리는 데 필요한 사람을 만들어내는 수단은 지식이 아니라 꿈이다. "꿈꾸는 사람의 꿈속에서 꿈꾸어진 소년"(73쪽)이라는 표현은 '꿈꾸는 사람의 꿈속에서 꿈꾸어진 사람의 꿈속에서 꿈꾸어진 사람의 …' 같은 식으로 이어진다. 변증법을 가능하게 하는 구성 요소의 개수는 제한되지 않는다.

꿈을 통해 무언가를 만들어내고 이로써 세계에 참여하는 일이 마냥 쉽게 될 리 없다. 나는 네 가지 조건을 제안한다.

첫째, 마법사가 그랬듯 잠을 자야 한다. 다시 말해, 현실에 갇히지 않고 꿈을 꾸겠다는 의식적인 노력이 있어야 한다. 둘째, 마법사가 자식의 머리카락 한 올 한 올을 떠올린 것처럼 가능한 한 구체적인 꿈을 꾸어야 한다. 구체성은 실현 가능성을 높인다. 셋째, 긴 시간을 버텨야 한다. 마법사는 자신의 자식을 만드는 데 "천하루"(75쪽)라는 시간을 소요한다. 넷째, 꿈을 통해 산물을 만들 수 있다는 신념이 있어야 한다. 실패가 반복되었지만 마법사는 반복적인 시도를 통해 최종적으로는 성공한다.

해설을 시작하면서 나는 이 소설이 '그 무엇은 어떻게 하여 있게 되었는가?'에 대한 답변이라고 말했다. 그렇지만 이 소설은 '우리는 무엇을 남길 것인가?'에 대한 답변이기도 하다. 세계에 있는 것 또는 있을 것은 결국 우리가 꿈꾸는 것이니 말이다. 이 점에서 우리 모두는 일종의 마법사이며, 잠재적인 마법 능력을 실현하는지의 여부는 우리에게 달려 있다.[14]

---

14 단어를 가지고 유희를 하나 하자면, 깨닫는 realize 것은 곧 현실화하는 realise 것이다. 꿈과 현실이 엄밀하게 구별되지 않는다는 것, 내가 꿈을 꾸는 한에서만 세계 속에 무언가가 있을 수 있다는 것, 이와 같은 내용을 깨닫는 한에서만 그 무언가는 세계 속에 현실화될 여지를 얻게 된다.

" 확장 "

첫 번째 확장

마법사는 자신의 자식을 꿈꾸어 그를 세계 안에 집어넣고자 한다. 나는 무엇을 꿈꾸고 있는가? 내가 꿈을 꾸어 세계에 집어넣고 싶은 것은 무엇인가?

예)
- 나는 인종 차별이 없는 세상을 꿈꾼다. 왜냐하면 인종은 사람을 구별하는 기준으로 정당화될 수 없기 때문이다.

- 나는 _____
  _____ 을(를) 꿈꾼다.
  왜냐하면 _____
  _____ 때문이다.

두 번째 확장

자신이 불에 타지 않는다는 것을 통해 자신 역시 다른 사람이 꾼 꿈의 산물이라는 점을 알게 된 마법사는 "안도감과 치욕감 그리고 두려움"(76쪽)을 느낀다. 불에 타지 않아서 안도했을 것이고, 타인의 산물이라서 치욕감을 느꼈을 듯하다. 그런데 그는 무엇을 두려워하는가? 꿈의 산물이자 꿈꾸는 사람은 무엇을 두려워할 법한가?

예)
- 마법사는 꿈을 꾸는 자신의 행위가 세계에 어떤 변화를 가져올지 몰라 두려움을 느낀다.

- 나는 _____
　　_____ 을(를) 두려워한다.

" 심화 질문 "

소설가의 존재는 소설의 존재에 의존하고, 소설의 존재는 소설가의 존재에 의존한다. 앨리스의 존재는 붉은 왕의 존재에 의존하고, 붉은 왕의 존재는 앨리스의 존재에 의존한다. 「원형의 폐허들」은 존재자의 존재가 가능한 것은 존재자 사이에서 일어나는 일종의 '상호 관입'이라고 주장한다. 그런데 이렇듯 상호 관입하는 항에 부정적인 것을 넣어보자. 예컨대 사기 행위의 존재는 사기꾼의 존재에 의존하고, 사기꾼의 존재는 사기 행위의 존재에 의존한다. 이렇게 부정적인 순환 내지 상호 관입은 어떻게 깨뜨릴 수 있는가? 긍정적인 것들 간의 상호 관입은 허용하면서 부정적인 것들 간의 상호 관입은 허용하지 않을 방책이 있는가?

| 나가며 |

 고마운 사람들을 언급하고 싶다. 보르헤스의 작품에 대한 해설을 쓰겠다는 생각은 나에게서 비롯하지 않았다. 맨 처음에 아이디어를 건네준 김혜연에게 고마움을 표한다. 원고를 꼼꼼하게 읽어 주고, 미진한 점을 개선해 주고, 막히는 지점에서 해결책을 제안해 준 김은정, 이승택에게도 고마움을 표한다. 이번 작업을 함께하지는 않았지만 내가 모르는 것에 늘 명쾌한 답을 건네주는 박준호도 빠뜨릴 수 없다. 이들 네 사람이 없으면 나는 아무것도 하지 못한다. 내가 쓴 글은 모두 전기가오리 내부에서만 유통되는데, 이 책은 예외로 삼았다. 이 점을 이해해 준 전기가오리 후원자께도 고마움을 표한다. 제안을 드리자마자 선뜻 출판을 결정하신 조기조 대표께도 감사하다. 내가 첫 번역서를 낼 수 있게 해주기도 했던 도서출판 b와의 인연이 오래 지속되었으면 한다.

 보르헤스 선집을 포함한, 너무 많은 수의 중요 저작이 오역으로 점철되어 독자의 이해를 막는다. 보르헤스 선집은 민음사에서 출판되었다. 민음사 정도의 대형 출판사라면 오역을 고칠 수 있는 체계적인 시스템을 갖추기를 제안하고, 그러한 시스템 구축에 기여할 수 있는 바가 있다면 나는 언제나 협력을 약속한다. '사람은 책을 만들고, 책은 사람을 만든다'라는 어떤 대형 서점의 구호가 떠오르기도 한다. 책이 사람을 만들기는 하지만 책만으로 사람이 만들어지지는 않는다. 한 사람이 학문적으로 성장하고 독자의 전반적인 수준이 높아지는 데는 시스템의 지원이 필요하다.

한국 철학 출판계, 넓게는 한국 인문학 출판계는 새로운 번역자를 찾지 않고, 더 나은 원고를 만들고자 하지도 않는다. 번역자를 성장시키려는 시도도 하지 않는 듯하다. 몇몇 학술지에 실리는 논문들의 초록만 읽어도 재능 있는 연구자/번역자를 발굴할 수 있다. 물론 출판사는 사업체이다. 그러나 출판은 사업으로 환원되지 않는 사회 문화 정치적 활동이다. 오역을 줄이고, 출판물에 대한 교육을 제공하고, 적어도 10년 단위로는 원고를 개선할 필요가 있다. 나는 민음사에 오역의 일부를 전달하여 재번역을 요청했으나 답신을 받지 못했다. 인터넷 서점의 독자 리뷰란에 '번역에 문제가 있다'는 글이 여러 개 달려도 거의 대부분의 출판사가 묵묵부답이다.

철학 텍스트 번역자에게도 말할 것이 있다. 학위를 받았다는 이유만으로 번역에 바로 진입하는 것은 대단히 무책임한 태도이다. 자신의 원고를 다른 사람과 공유하여 날카로운 피드백을 받는 과정을, 자신의 나쁜 습관을 바로잡고 한국어 실력을 정교화하는 과정을 적어도 몇 년은 거쳐야 한다. 물론 이 과정에 철학 전공자만 있어서는 안 된다. 많은 수의 철학 전공자는 자신이 누군가에게 무언가를 배운다는 것 자체를 상상하지 못하지만 그들은 출판 편집자에게 배워야 한다.

한국 철학계에서는 번역의 중요성이 간과되고 있다고 걱정하는 이들조차 막상 번역을 배우려고는 하지 않는다. 번역은 기술이며, 기술에는 습득이 필요하다. 이 기술을 서로 공유하면서 갈고닦는 모임이 생기기를 바란다. 재단 단위의 지원이 있으면 하고 바라기도 한다.

단 하나의 방식으로만 해석할 수 있는 작품보다는 다양한 방식의 해석이 가능한 작품이 더 예술적으로 가치 있을 것이다. 그런데 해석이 여럿 성립하는 데는 조건이 있다. 너무 당연한 이야기지만, 여러 개의 해석이 있으려면 하나하나의 해석이 먼저 있어야 한다. 그러나 명료한 해석 하나를 획득하는 것은 그리 쉽지 않다. 보르헤스의 소설을 읽고 뿌연 느낌을 받거나 몇몇 문장에 꽂히는 것은 해석이 아니다. 하나의 관점에서 선명하게 쓰인 해석이 있어야 이후 해석의 복수성이 가능할 것이다. 나는 내가 읽은 방식이 최선의 것이라고 생각하지 않지만 적어도 명료함을 놓치고 싶지는 않았다. 늘 말하듯 모호함은 풍성함이 아니다. 이 얇은 책이 보르헤스의 작품이 만들어낼 풍성함에 — 더 중요하게는 명료함에 — 기여하기를 희망한다.

마지막으로, 보르헤스 작품에 대한 이번 해설에 이어, 프란츠 카프카, 로베르토 볼라뇨, 루이스 캐럴, 마법적 사실주의 작품에 대한 해설도 순차적으로 선보일 계획이라는 점을 밝힌다(역시 도서출판 b의 b-SIDE 시리즈에서 낼 수 있다면 좋겠다). 2년이나 3년 간격으로 출판이 이루어지지 않을까 싶다. 이들 해설을 통해 문학 작품을 함께 읽고 함께 향유할 수 있는 사회적 배경이 조금이나마 더 형성되기를 기대한다.

ⓒ 신우승, 2025

b-SIDE 01
보르헤스와 열한 개의 우물

초판 1쇄 발행 | 2025년 06월 30일

지은이 신우승
펴낸이 조기조
펴낸곳 도서출판 b

등 록 2003년 2월 24일(제2023-000100호)
주 소 서울특별시 금천구 가산디지털2로 169-23 가산모비우스타워 1501-2호
전 화 02-6293-7070(대) | 팩시밀리 02-6293-8080
이메일 bbooks@naver.com | 홈페이지 b-book.co.kr
유튜브 youtube.com/@bbookspublishing

ISBN 979-11-92986-41-8 03800
값 15,000원

* 이 책 내용의 일부 또는 전부를 재사용하려면 저작권자와 도서출판 b 양측의 동의를 얻어야 합니다.
* 잘못 만들어진 책은 구입한 곳에서 교환해드립니다.